L⁵ₕ
759

759

LE SIÉGE

DE BELFORT

Droits de reproduction et de traduction réservés.

GUERRE DE 1870-1871

LE SIÉGE
DE
BELFORT

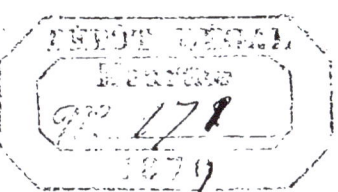

PAR

LÉON BELIN

Avocat, Lieutenant de la Garde mobile
Attaché, pendant le siége de Belfort, à l'état-major
du Gouverneur de la place

Avec le portrait du colonel Denfert-Rochereau
et un plan de Belfort et de ses environs

Quatrième édition.

PARIS
Vᵉ BERGER-LEVRAULT & FILS, LIBRAIRES-ÉDITEURS
RUE DES BEAUX-ARTS, 5
1871

AU LECTEUR.

Forsan et haec olim meminisse juvabit.
VIRGILE, *Énéide.*

L'auteur de ce modeste récit a eu l'honneur de prendre part à la défense de Belfort. La position qu'il occupait pendant ce mémorable siége lui a permis de recueillir scrupuleusement des notes assez complètes sur les événements de chaque jour. Ce sont ces notes que, sur les instances de personnes amies, il s'est décidé, un peu tard peut-être, à publier. Elles expriment quelquefois la pensée de celui qui les a écrites, mais elles sont plus souvent l'expression du sentiment de personnes infiniment plus compétentes.

Il ne faut toutefois chercher dans ce livre ni science ni dissertations profondes sur les opérations du siége. Il faut y chercher le simple récit des faits, des espérances, des déceptions, des souffrances de chaque jour.

L'auteur, en publiant cet ouvrage, ne s'est proposé qu'un seul but : contribuer, dans la mesure de ses faibles moyens, à faire connaître et vulgariser un des plus glorieux épisodes de l'épouvantable guerre qui vient seulement de finir. Si ce but est atteint, quel que soit le sort de son œuvre, il n'aura rien à regretter.

Mai 1871.

Léon Belin.

LE SIÉGE DE BELFORT

CHAPITRE Iᵉʳ.

BELFORT AVANT L'INVESTISSEMENT.

(6 août — 3 novembre 1870.)

Peu de jours après le désastre de Frœschwiller (6 août 1870), une dépêche émanant de la sous-préfecture de Schlestadt vint jeter l'alarme dans la ville de Belfort et dans tout le département du Haut-Rhin. « Les Prussiens, disait-elle, ont passé le Rhin cette nuit pour entrer en Alsace. Le passage s'est effectué à l'aide de ponts de bateaux éclairés par la lumière électrique. » Belfort n'était pas préparé à soutenir un siége ; les forts des

Barres, de Belle-Vue, des Hautes et Basses-Perches étaient inachevés; les vivres et les munitions manquaient; enfin, les quelques bataillons de mobiles qui se trouvaient dans la place n'étaient ni armés ni équipés. Le général de Chargère, qui commandait alors, s'empressa de faire donner des armes à ces soldats qui, la veille encore, étaient dans leurs foyers, et l'on attendit, plein d'anxiété, l'arrivée de l'armée ennemie. Cette armée ne vint pas. La dépêche de Schlestadt était une grossière erreur. Aucun Allemand n'avait passé le Rhin.

Le corps du général Douai campait aux environs de Mulhouse pour défendre les abords de Belfort ou se porter en avant, suivant les événements. A la nouvelle de l'arrivée d'une armée prussienne considérable, il se replia précipitamment. Cette retraite remplit tout le monde de stupeur. Nombre d'habitants de la ville et des environs s'enfuirent en Suisse, emmenant avec eux leur mobilier et leurs denrées. Les routes étaient encombrées de fuyards. C'était un spectacle horrible.... Comme les Allemands n'arrivèrent pas, les fuyards rentrèrent chez eux.

Dans le courant de septembre, 2,000 Allemands envahirent Colmar. Le général fit partir de Belfort deux ou trois bataillons destinés à arrêter la marche de l'envahisseur. Arrivés à Mulhouse, ces bataillons reçurent l'ordre de rentrer. Leur retraite fut pour Belfort une nouvelle source d'inquiétudes. On prit quelques précautions; on envoya un détachement de mobiles à Dannemarie pour faire sauter le viaduc du chemin de fer au cas où l'ennemi s'avancerait, et le conseil de défense fut convoqué. Ce conseil discuta la question de savoir si l'état de la place permettait d'occuper et de défendre les villages voisins et les forts encore inachevés des Perches. La négative prévalut à l'unanimité moins une voix, ce fut celle du commandant du génie Denfert-Rochereau.

Les Allemands arrivèrent à Mulhouse et y firent quelques réquisitions, puis disparurent tout à coup. Belfort échappait encore une fois à toutes espèces de dangers.

Pendant les mois de septembre et d'octobre, les Prussiens passèrent plusieurs fois le Rhin à la hauteur de Chalampé; ils avaient même établi sur ce fleuve un pont de bateaux permanent. Bientôt ils s'installèrent dans la Harth, d'où ils vinrent à plusieurs reprises visiter Mulhouse et les environs. On s'attendait tous les jours à les voir arriver à Belfort. Un jour, un télégramme annonçait qu'ils marchaient sur cette ville en deux colonnes, dont l'une côtoyait la Suisse. Ordre fut donné de faire sauter le viaduc de Dannemarie. L'opération ne réussit pas. Ce fut un hasard providentiel. La nouvelle alarme était fausse comme les précédentes. On put longtemps encore se servir du chemin de fer. On avait été si souvent trompé à Belfort, qu'à la fin on ne croyait presque plus à la possibilité d'un siége. La saison était, disait-on, trop avancée ; dans cette contrée l'hiver est rigoureux, la neige abondante. Il ne viendra pas à l'idée de l'état-major prussien de commencer aussi tard un siége que la force de la place rendra long et difficile. L'autorité militaire activait toutefois les travaux de défense.

Les capitulations de Strasbourg et de Schlestadt avaient laissé à la disposition de l'état-major prussien 60,000 à 80,000 hommes ; les feuilles allemandes ne cessaient d'annoncer les siéges prochains de Brisach et de Belfort. Brisach était déjà sur le point d'être investi. On travailla sans relâche, à Belfort, aux préparatifs de défense et l'on compléta les approvisionnements. Le génie mettait la dernière main au fort des Barres ; il achevait les ouvrages avancés de Belle-Vue, des Hautes et Basses-Perches. Il abattait les arbres et les maisons qui pouvaient nuire à la défense de la place, et creusait une tranchée large et profonde qui, traversant les trois faubourgs de Montbéliard, de France et des Ancêtres, décrivait une courbe dont les extrémités aboutissaient à la Savoureuse. Cette tranchée formait ainsi une deuxième enceinte à l'ouest de la place. L'accès de chaque faubourg était défendu par un ouvrage en terre, armé d'un canon. A droite du faubourg de France, une redoute garnie de deux bouches à feu était destinée à balayer la passerelle établie sur la tranchée. Une autre redoute, construite sur le front ouest des faubourgs, défendait l'accès de la place par le chemin de fer.

En même temps que ces ouvrages, on exécutait d'autres travaux non moins utiles pour protéger, en cas de siége, la garnison contre le feu de l'ennemi; on blindait fortement, à l'aide de bois et de terre, les parties des casernes et des bâtiments militaires, hôpitaux, manutention, etc., qu'on savait le plus exposées au tir de l'assiégeant, et l'on construisait des abris sur tous les points qui devaient être occupés par nos troupes. Tous ces travaux, entrepris dès le début de la guerre, étaient dirigés par les commandants du génie Denfert et Chaplain.

Le 31 octobre, on apprit à Belfort la capitulation de Metz. Cette désastreuse nouvelle y répandit, comme dans toute la France, une grande consternation. La Prusse avait désormais plus de troupes qu'il ne lui en fallait pour augmenter le cercle de ses opérations. L'éventualité du siége de Belfort se présentait plus menaçante que jamais.

Le 1er novembre, on annonça qu'une armée allemande, composée d'infanterie, de cavalerie et d'artillerie, marchait sur Belfort par la vallée de Massevaux. Cette fois, la nouvelle était vraie. Les francs-tireurs de M. Keller essayèrent à plusieurs reprises de lui barrer le passage. Ils livrèrent un combat assez sérieux aux environs de Thann. L'ennemi y perdit du monde, mais il réussit à forcer la faible ligne des francs-tireurs et continua sa marche sur Belfort. Le corps de M. Keller eut encore d'autres engagements. Il ne revint plus à Belfort. A partir de ce jour (1er novembre), ses destinées ne sont plus en rien liées à celles de la place.

A la nouvelle de l'arrivée d'une armée assiégeante, M. Denfert, récemment promu au grade de colonel et chargé du commandement supérieur de la place de Belfort, prit toutes les mesures nécessaires pour empêcher ou du moins retarder l'investissement de la forteresse. Il envoya dans toutes les directions des détachements de la garnison à la rencontre de l'ennemi et donna l'ordre de couper les routes et de faire sauter les ponts par où il devait arriver. On mit le feu à la mine du viaduc du chemin de fer de Dannemarie. Deux ou trois arches de cet admirable travail furent entièrement détruites. Cette précaution avait surtout pour objet d'empêcher l'ennemi d'effectuer par chemin de fer le transport de son matériel de siége.

La journée du 2 fut signalée par deux engagements, l'un à Sermamagny, l'autre à Roppe. A Sermamagny, un bataillon de mobiles de la Haute-Saône lutta pendant quelque temps contre plusieurs bataillons prussiens pourvus d'artillerie. Le commandant, M. Petitguillot, se voyant sur le point d'être enveloppé, donna le signal de la retraite. Cette retraite, il faut l'avouer, ne se fit pas en très-bon ordre. Nous perdîmes dans cette affaire une centaine d'hommes, dont la plupart ont été faits prisonniers.

L'engagement de Roppe fut plus heureux. Un bataillon de mobiles du Rhône (1er bataillon du 16e) tint tête aux Prussiens pendant plusieurs heures et ne leur permit pas de s'emparer du village. Les pertes de l'ennemi furent plus considérables que les nôtres; on lui tua notamment un officier supérieur. Cependant un détachement envoyé d'Offemont au secours des mobiles de Roppe, n'arrivant point à temps, ceux-ci ne purent conserver longtemps la position qu'ils avaient si bien défendue. Ils finirent par se replier sur Belfort.

Le colonel Denfert avait résolu d'occuper les

villages et les positions qu'il importait de conserver dans l'intérêt de la ville. Il envoya des détachements de 7 ou 800 hommes à Perouse et à Danjoutin avec ordre de s'y retrancher, fit occuper par quelques compagnies la colline du Mont, le hameau des Barres, les fermes Georges et Juster, et chargea un bataillon de la défense du hameau de la Forge [1]. Ces différents détachements se reliaient entre eux par un cordon de sentinelles. Ils formaient ainsi autour de la place une seconde ligne avancée de défense qui, tant qu'elle serait intacte, ne permettrait pas à l'ennemi de se servir de ses canons. Les forts étaient également mis, à l'aide de sentinelles, en communication avec tous les postes avancés.

On connaît la topographie actuelle de Belfort. C'est une place forte de premier ordre. Elle est assise sur la Savoureuse, qui coule du nord au sud et sépare la ville de ses faubourgs. La ville est entourée d'une enceinte dont l'accès est défendu au nord par la Justice et par la Miotte, deux forts construits sur le roc, dans une position inaccessible et reliés au corps de place par un vaste camp retranché; à l'ouest, par les forts des Barres et de

---

[1]. Voyez la carte pour la position géographique de ces différents points.

Belle-Vue, ouvrages de construction récente, dont le dernier ne consiste guère qu'en une enceinte en terre défendue par quelques pièces d'artillerie; au sud et au sud-est par les Hautes et Basses-Perches, ouvrages également provisoires, plus sérieux cependant que Belle-Vue, parce que les fossés sont creusés dans le roc; enfin, au centre par le Château, formidable citadelle, dominant toutes les autres positions, protégée du côté de l'est, du sud et de l'ouest par trois enceintes armées de 150 canons et présentant du côté de la ville ses flancs taillés perpendiculairement dans un roc impénétrable. Il faut encore mentionner l'ouvrage à cornes de l'Espérance.

Au 1er novembre tous les forts sont bien armés, pourvus de vivres et de munitions. Ils renferment une garnison à peu près suffisante. Des communications télégraphiques sont établies sous l'habile direction de M. Robert, inspecteur des lignes télégraphiques du Haut-Rhin, entre ces forts et la place. On posera aussi plus tard des fils qui relieront les villages de Perouse, de Danjoutin et le hameau de la Forge au bureau du commandant supérieur. Malheureusement les fils sont aériens, attachés à des poteaux, très-exposés aux projectiles ennemis. Ils seront souvent rompus. Les surveillants du télégraphe courront bien des dangers pour les réparer chaque jour. Il eût mieux valu, pour la facilité de la transmission et la sécurité des employés, établir un réseau de télégraphie souterraine. Mais ce travail eût été long et l'on était pressé.

Le 2 novembre la place était investie au nord, à l'est et à l'ouest. Les habitants désireux de la quitter avant l'investissement complet s'empressèrent d'en sortir. Les autorités militaires prirent des mesures pour activer l'évacuation des bouches inutiles. Belfort était encore en communication avec Besançon et Tours. Le gouverneur prévint le ministre de la situation de la forteresse : « Une diversion dans l'est, ajoutait-il, pourrait peut-être sauver Belfort et la France. » Cette diversion, alors indiquée par le commandant de Belfort, fut plus tard tentée par Bourbaki.

Voici quelle était, à cette époque, la situation militaire de la place. La garnison était de 17,600 hommes environ, savoir :

13,000 gardes mobiles;
3,000 soldats de ligne;
800 gardes nationaux sédentaires;
240 gardes mobilisés;
357 officiers;
250 douaniers et gendarmes.

Cette troupe était composée ainsi qu'il suit :

Un bataillon du 84ᵉ de ligne, commandé par le chef de bataillon Chapelot.

Le bataillon de dépôt du 45ᵉ, commandé par le major Allié.

Trois batteries d'artillerie du 7ᵉ et du 12ᵉ régiment; trois batteries d'artillerie de la mobile du Haut-Rhin; trois batteries d'artillerie de la mobile de la Haute-Garonne, sous le commandement des chefs d'escadron Bouquet, Rohr et Montrond; deux compagnies de sapeurs du génie, dont l'une formée de gardes mobiles.

Plus une batterie volante qu'on avait organisée à Belfort même, à l'aide d'éléments pris dans la garnison, et qui était destinée à servir six pièces de campagne.

35ᵉ régiment de marche, commandé par le lieutenant-colonel Marty.

57ᵉ régiment provisoire (mobiles de la Haute-Saône), lieutenant-colonel Fournier.

65ᵉ et 16ᵉ régiments provisoires (mobiles du Rhône), lieutenants-colonels Rochas et des Garets.

4ᵉ bataillon de marche (Haute-Saône), commandant Chabaud.

Un bataillon de Saône-et-Loire, commandant Artaud.

Trois compagnies du Haut-Rhin (dépôt des trois

bataillons de mobiles de ce département), capitaine commandant Ottmann.

Deux compagnies de mobiles des Vosges et deux compagnies de francs-tireurs.

Un détachement de gendarmes, commandé par le chef d'escadron Burillon, prévôt de la place.

Un détachement de douaniers, commandé par l'inspecteur des douanes de Mulhouse, M. Rolland.

Le colonel du génie Denfert-Rochereau était gouverneur de la place;

Le colonel Jacquemey, commandant de place;

Le chef de bataillon Chaplain, commandant du génie;

Le chef d'escadron Bouquet, commandant de l'artillerie;

M. Spire, sous-intendant militaire.

Le chef de bataillon Chapelot commandait la Justice; le capitaine d'artillerie de Sailly, la Miotte; le lieutenant-colonel Fournier, le camp retranché; le commandant Chabaud, les Barres; le capitaine du génie Thiers, Bellevue; le capitaine du génie Brunetot, les Basses-Perches; le commandant Gély, les Hautes-Perches; le lieutenant-colonel Rochas, le Château. Le lieutenant-colonel des Garets était chargé de la défense de la gare qu'occupait son régiment; le lieutenant-colonel Marty, de la défense des faubourgs. Le chef d'escadron Montrond commandait l'artillerie des faubourgs; le chef d'escadron Rohr, celle de la ville et de l'ouvrage à cornes de l'Espérance.

La place et les forts étaient armés de 370 canons, obusiers et mortiers. Le gouverneur de Belfort, profitant des enseignements du siége de Strasbourg, avait fait restreindre et modifier les embrasures, pour qu'elles offrissent moins de surface au tir si précis de l'ennemi. Secondé par d'habiles officiers du génie et d'artillerie, il en avait fait blinder un grand nombre à l'aide de rails, de madriers et de terre. Quelques pièces trop découvertes furent protégées par des abris si solidement construits qu'elles résistèrent pendant de longues semaines au tir foudroyant des Prussiens.

L'une d'elles, pièce de 24 rayée, célèbre à Belfort sous le nom de *Catherine,* installée par les soins du capitaine de la Laurencie, reçut, sans en souffrir, plus de 20,000 projectiles. Un jour trois obus de 78 kilos lui arrivent successivement; les deux premiers s'enfoncent dans le blindage de la pièce sans éclater; le troisième, en éclatant, provoque l'explosion des deux autres et Catherine est démontée.

Une autre précaution de la plus haute importance eut pour résultat d'augmenter considérablement la portée des canons de la place. Je veux parler de l'abaissement de la vis de pointage. Grâce à cette modification les pièces purent tirer sous un angle plus grand et obtenir une portée beaucoup plus forte. La même pièce de 24 qui sur l'ancien affût tirait à 2,000 mètres au plus, acquérait, par suite d'un léger changement fait à cet affût, une portée maxima de près de 6,000 mètres. La Justice envoya à 5,800 mètres un obus dans le clocher de Phaffans.

L'approvisionnement de munitions, extrêmement insuffisant en ce qui concerne les obus oblongs, est, au moment de l'investissement, à peu près le suivant :

75,000 obus oblongs de 12 et de 24 rayé;
6,000 obus oblongs de 4 rayé;
10,000 obus sphériques de 12 et de 15;
40,000 boulets de 16;
40,000 boulets de 12;
3,000 bombes de 32;
4,000 bombes de 27;
4,000 bombes de 22;
4,000 bombes de 15;
370,000 kilogrammes de poudre.

L'essentiel était d'avoir des projectiles de 12 et de 24 rayé. On en avait à peine 75,000. C'était extrêmement peu. Il en eût fallu 100,000 de plus. Le commandant supérieur, dès avant l'investissement, avait en vain fait des démarches pour en obtenir.

Pour suppléer, autant qu'il était possible, à cet inconvénient, le colonel Denfert chargea le capitaine Bornèque, du génie de la mobile, de fondre des obus oblongs. Ce jeune officier, versé dans l'industrie métallurgique, établit une fonderie, fit des moules et réussit à faire des projectiles. Il finit par en produire 150 à 200 par jour. Il employait comme matière des coussinets de chemin de fer et autres débris de fonte. Les obus sortis de la fonderie ainsi improvisée étaient parfaits, en apparence. On put s'en servir pendant quelque temps avec succès. Mais bientôt les artilleurs ne voulurent plus les employer. Ils éclataient dans le canon. La cause de cet accident était sans doute la mauvaise qualité du métal.

Les approvisionnements militaires en vivres étaient suffisants pour un long siége. Nous avions:

Pour 145 jours de viande fraîche ou salée;
— 156 jours de farine et de biscuits;
— 198 jours de légumes secs;
— 287 jours de sel;
— 322 jours de café;
— 160 jours de sucre;
— 108 jours de vin et d'eau-de-vie.

La ville avait en réserve pour les habitants:

Pour 70 jours de pain;
— 142 jours de viande;
— 77 jours de sel.

Le foin et la paille n'étaient pas très-abondants. On fut obligé de nourrir les bestiaux en grande partie d'orge et d'avoine.

Telle était la situation de la place au commencement de novembre.

Le 2 novembre la ligne d'investissement s'étendait de Chèvremont à Éloie, se prolongeait par Évette et Bas-Évette, passait derrière le Salbert et aboutissait à Chalonvillars et à Buc. Dans la journée du 3 l'investissement s'acheva. L'armée assiégeante était commandée par le général royal prussien de Treskow. D'après les renseignements les plus probables, elle était, à cette époque, forte de 15,000 hommes environ. Portée bientôt à 35,000 hommes, elle atteignit, après la bataille d'Héricourt (15 janvier), le chiffre de 65,000 combattants. Cette armée fut divisée en quatre corps, occupant, à l'entour de la ville, quatre secteurs. Les commandements relevant du quartier général se trouvaient à Menoncourt, à Meroux, à Banvillars et à Frahier. Le général de Treskow était secondé par les généraux Debschutz et Mertens. Ce dernier arrivait de Strasbourg. Il était général du génie.

CHAPITRE II.

BELFORT PENDANT L'INVESTISSEMENT.

(3 novembre — 3 décembre 1870.)

3 et 4 Novembre.

L'ennemi occupe tous les villages que ne gardent pas nos troupes. Il se met sur-le-champ en mesure de les défendre contre les attaques qui pourraient venir de la place, creuse des fossés, fait des retranchements, barricade les routes. Il place des sentinelles sur tous les sentiers et des cavaliers en vedette aux abords des bois et sur les hauteurs voisines de la place.

Le 3, l'artillerie de la forteresse se fait entendre pour la première fois. Le fort de la Justice ouvre le feu; les Perches suivent aussitôt son exemple. On tire sur les colonnes qu'on voit passer au loin, sur les travaux, sur les cantonnements ennemis. Les villages de Chèvremont et de Vezelois, fortement occupés par les Allemands, reçoivent les premiers projectiles. Le 4, quelques obus mettent le feu à ce dernier village et font sauter un caisson de munitions. On signale aussi, le soir même, un incendie à Chèvremont. Ces malheureux villages, que les Français sont forcés de détruire, sont en même temps soumis aux exigences de l'ennemi, qui s'empare des habitations, des chevaux et des vivres.

Vers midi, un parlementaire prussien, escorté de quatre cavaliers, dont l'un porte le drapeau blanc, s'approche de la porte du Vallon. Un officier de la Justice court à sa rencontre, lui bande les yeux et l'amène au corps de garde qui se trouve à l'extrémité du camp retranché. Le parlementaire remet alors un pli à l'adresse du gouverneur de Belfort. Il est chargé d'attendre la réponse. Voici quelle était cette lettre :

Devant Belfort, le 4 novembre 1870.

Très-honoré et honorable Commandant,

Je me fais un honneur de porter très-respectueusement à votre connaissance la déclaration suivante :

Je n'ai pas l'intention de vous prier de me rendre la place de Belfort, mais je vous laisse le soin de juger s'il ne conviendrait pas d'éviter à la ville toutes les horreurs d'un siége, et si votre conscience, votre devoir ne vous permettraient pas de me livrer la forteresse dont vous avez le commandement. Je n'ai, en vous envoyant cet écrit très-respectueux, d'autre intention que de préserver autant que possible la population du pays des horreurs de la guerre. C'est pourquoi je me permets de vous prier de vouloir bien, dans la limite de vos pouvoirs, faire connaître aux habitants que celui qui s'approchera de ma ligne d'investissement à portée de mes canons mettra sa vie en danger.

Les propriétaires des maisons situées entre la place et ma ligne d'investissement doivent se hâter de mettre tout leur mobilier en lieu sûr, car d'un instant à l'autre je puis être obligé de réduire leurs maisons en cendres.

Je saisis cette occasion pour vous assurer de mon estime toute particulière.

De Treskow,
Général royal prussien commandant les troupes
concentrées devant Belfort.

Le colonel Denfert fit à cette lettre la réponse suivante :

Général,

J'ai lu avec toute l'attention qu'elle mérite la lettre que vous m'avez fait l'honneur de m'écrire avant de commencer les hostilités. En pesant dans ma conscience les raisons que vous me développez, je ne puis m'empêcher de trouver que la retraite de l'armée prussienne est le seul moyen que conseillent à la fois l'honneur et l'humanité pour éviter à la population de Belfort les horreurs d'un siége.

Nous savons tous quelle sanction vous donnerez à

vos menaces, et nous nous attendons, Général, à toutes les violences que vous jugerez nécessaires pour arriver à votre but; mais nous connaissons aussi l'étendue de nos devoirs envers la France et envers la République, et nous sommes décidés à les remplir.

Veuillez agréer, Général, l'assurance de ma considération très-distinguée.

Le Colonel commandant supérieur,
Denfert-Rochereau.

Copie des deux lettres qui précèdent fut envoyée à la mairie pour être soumise à la plus grande publicité. En même temps, le colonel Denfert faisait afficher la proclamation qui suit :

PROCLAMATION

A la population et à la garnison de Belfort.

L'ennemi a terminé hier l'investissement de la place de Belfort. Nous avons essayé de retarder cette opération autant que le permettaient les ressources dont nous disposions. Les combats qui se sont livrés ont démontré aux Prussiens que nous étions préparés à une vigoureuse résistance.

Nous ferons tous nos efforts pour tenir l'ennemi aussi éloigné que possible de la place, et nous comptons à cet effet sur le patriotisme et le concours de la population. Mais quelque succès que nous puissions obtenir dans cette voie, nous ne devons pas nous dissimuler que la période que nous allons traverser exige de tout le monde l'abnégation et l'esprit de sacrifice.

Dans l'accomplissement de ce devoir qu'impose à tous plus que jamais la situation malheureuse de la France, nous serons soutenus par la pensée qu'en faisant le siége de Belfort, l'ennemi entreprend une opération plutôt politique que militaire, et que la faute qu'il commet dans cette diversion doit profiter à la délivrance de notre patrie et au salut de la République.

Belfort, le 4 novembre 1870.

Le Colonel commandant supérieur,
Denfert.

Dans la pensée du colonel Denfert, le siége de Belfort, à la différence de la plupart des siéges des autres villes de France, avait uniquement pour objet la conquête définitive de la ville, dont l'annexion à l'Allemagne résulterait du fait accompli de la prise de possession. Au point de vue purement militaire, les opérations faites par les Prussiens autour de Belfort avaient pour résultat d'immobiliser pendant longtemps des forces considérables qui leur eussent rendu plus de services ailleurs. Il n'était pas besoin d'un siége en règle pour mettre la place dans l'impossibilité d'empêcher le passage d'un corps prussien, ou la retraite des troupes ennemies par la trouée de Belfort. Il suffisait pour cela de masquer ou d'investir la ville à un moment donné. C'est en se plaçant à ces différents points de vue que l'on pouvait considérer le siége de Belfort comme une œuvre politique et une faute militaire.

En même temps que l'autorité militaire prenait ses précautions pour rendre la résistance aussi facile et aussi longue que possible, l'autorité civile prévoyait l'époque prochaine d'un bombardement et s'efforçait à l'avance d'en rendre les effets moins désastreux. C'est dans cette intention que M. Mény, maire de Belfort, fit les publications qui suivent :

Le Maire de Belfort croit devoir prévenir les habitants que le moment est venu pour chacun de faire des provisions d'eau dans les maisons, pour combattre les incendies en cas de siége.

Il invite également toutes les personnes qui voudront faire le service de surveillants pour prévenir les incendies à se faire inscrire aux bureaux de la Mairie.

Belfort, le 4 novembre 1870.

Le Maire,
MÉNY.

Le 10 novembre, le maire crut devoir faire un nouvel appel au dévouement des citoyens courageux qui voudraient faire le service de guetteurs et donner à la population des conseils dont l'expérience a, dans la suite, démontré toute l'utilité :

Le Maire de Belfort engage de nouveau les citoyens qui voudront bien se dévouer au service de guetteurs en cas d'incendie à se faire inscrire dans les bureaux de la Mairie.

Il a l'honneur de porter à la connaissance de ses administrés que la Municipalité va faire établir, dans les différents quartiers de la ville, des abris blindés qui serviront aux guetteurs et, en même temps, de refuges aux habitants qui pourront être surpris dans les rues pendant le bombardement. Dans la même pensée, le Maire croit devoir prévenir tous les propriétaires qu'ils devront laisser les portes de leurs maisons constamment ouvertes pendant le bombardement, afin que chacun puisse s'y réfugier au besoin et porter secours en cas de danger. Enfin, le Maire fait connaître que les caves de l'Hôtel de ville, entièrement voûtées, viennent d'être disposées pour recevoir le plus grand nombre de personnes qui n'auront pas d'abri sûr dans leurs maisons. Il fera connaître ultérieurement les autres caves de la ville qui pourront avoir la même destination.

MÉNY.

La population répondit à l'appel du maire; des compagnies de guetteurs furent formées. Les greniers furent garnis de cuves pleines d'eau, de telle sorte que, en cas d'incendie, les premiers secours se trouvaient toujours sur les lieux. Ces différentes mesures produisirent des effets inespérés. L'incendie, qui avait, à Strasbourg et à Brisach, dévasté des quartiers entiers, fit relativement peu de dégâts à Belfort.

On commença, dès le 13, à construire des abris blindés. Établis dans les rues, à de courtes distances les uns des autres, ces abris rendirent de grands services pendant le bombardement. Ils consistaient en une série d'épais madriers serrés les uns contre les autres et appuyés obliquement contre les maisons, le plus souvent en face de la porte d'entrée. Il n'est personne à Belfort qui, pendant le bombardement, n'ait été à même d'en apprécier l'utilité.

Le maire proposa aussi de faire dépaver les rues, pour que le choc des projectiles fût moins violent. L'autorité militaire n'approuva point cette mesure, qui eût rendu les communications difficiles.

Il faut encore citer deux décisions d'une certaine importance, à la date du 7 novembre: l'une appelait la garde mobilisée à l'activité; l'autre ordonnait que les ponts placés sur les coupures des routes qui aboutissaient à la ville, fussent enlevés de 5 heures du soir à 7 heures du matin.

Aucun événement militaire important ne marque les premiers jours de l'investissement. Les canons de la place tirent fréquemment sur les groupes et les travaux ennemis. Les Prussiens, que la longue portée de nos pièces tient à distance, ne peuvent leur répondre avec leur artillerie de campagne.

5-9 Novembre.

Le 5, le fort des Perches met encore le feu à quelques maisons de Chèvremont. Le Château tire sur la maison Saglio, à Sevenans, où l'on croyait établi le quartier général du corps de siége. La distance entre le Château et la maison Saglio est de 6 kilomètres environ. On ne réussit point à atteindre l'habitation, mais des obus tombent dans le jardin et décident les Allemands à évacuer les lieux. Le quartier général du général de Treskow fut installé aux Errues; plus tard, il fut successivement transporté à Fontaine et à Bourogne.

Le 5, un nouveau parlementaire allemand s'avançait vers la porte du Vallon. On l'arrêtait à 500 mètres du rempart, conformément aux ordres du gouverneur. Le but apparent de sa mission était de demander l'échange d'officiers prussiens faits prisonniers dans les Vosges et que le général de Treskow croyait à tort dans la place. Pendant qu'il s'entretenait avec un officier français, quelques obus ennemis vinrent éclater non loin de lui. Sa principale mission était, sans doute, de voir et de régler le tir de l'artillerie prussienne. Le colonel Denfert se plaignit le lendemain de cette violation du droit des gens, qui, outre qu'elle permettait à l'ennemi d'apprécier la justesse de son tir, mettait en danger la vie de nos parlementaires.

Le 6, le général de Treskow écrivit une lettre d'excuses qu'il fit porter par un troisième parlementaire.

Le 10, un quatrième venait apporter à l'officier français de grand'garde des lettres que des soldats français, internés en Allemagne, adressaient à leurs frères de la garnison de Belfort. Il arrivait par la route de Perouse.

Ces allées et venues de parlementaires préoccupaient beaucoup l'opinion publique et donnaient lieu aux suppositions les plus fantastiques. D'un autre côté, les officiers prussiens, en s'approchant de la place sous le plus futile prétexte de mission pacifique, avaient la faculté d'examiner le rempart et de prendre des renseignements utiles à l'assiégeant. Pour éviter ces inconvénients, le commandant supérieur résolut de couper court à toute relation inutile avec de Treskow. Il le pria de ne plus lui envoyer de messager sans motif grave, et le prévint que tout parlementaire qui ne se présenterait pas par la porte du Vallon ne serait pas considéré comme tel.

La lettre du colonel Denfert dépassa peut-être

son but. Le général de Treskow n'écrivit plus au commandant de Belfort, si ce n'est pour répondre aux lettres que celui-ci lui adressa. Il ne le prévint même pas du commencement du bombardement, et le message du président de la Confédération suisse, relatif à la sortie des vieillards, des femmes et des enfants, arriva à Belfort par l'intermédiaire du général de Treskow, sans être accompagné de lettre d'envoi [1].

10-14 Novembre.

Au 10 novembre, l'ennemi n'est pas encore très-nombreux autour de la place. Pour donner le change sur les forces du corps de siége, leur général les soumet à une foule de marches et de contre-marches. On aperçoit de Belfort ces perpétuels mouvements de troupes. Certain bataillon du 67e régiment de landwehr fait trois ou quatre fois le tour de la forteresse. Il change de cantonnement tous les jours et quelquefois plus souvent. La partie à l'ouest de la ville est surtout fortement occupée. La ligne de circonvallation s'étend jusqu'à Héricourt et à Bourogne. Montbéliard et Delle sont

---

1. Voyez Journées du 3 et du 17 décembre.

aussi occupés. Cette dernière ville ne le fut cependant pas d'une manière permanente.

L'ennemi rayonne dans toutes les directions. Il va faire des réquisitions à quatre ou cinq lieues de Belfort.

Pendant la nuit, les différents postes prussiens correspondent à l'aide de signaux lumineux. On aperçoit tous les soirs des flammes blanches, bleues, rouges dans les forêts voisines. Ces flammes sont intermittentes; elles disparaissent pour reparaître et disparaître encore. Une fois ou deux, nous vîmes sur les hauteurs des Vosges d'énormes feux semblables aux feux de joie que les paysans badois ont allumés sur les cimes de la forêt Noire pour célébrer Fœschwiller et Sédan. Nous en fûmes alarmés.

Le 10 novembre, le gouverneur donna à quelques compagnies de mobiles l'ordre de faire une reconnaissance à Essert. Le détachement partit accompagné de deux pièces d'artillerie. En arrivant à Essert, il trouva le village évacué et put à peine faire feu sur quelques Prussiens qui fuyaient. On laissa une compagnie de grand'garde à Essert et l'on revint à Belfort. D'après des renseignements que l'on reçut le soir même, un soldat français du 45e se trouvait à Essert en état de désertion lors de l'arrivée de notre détachement. C'est sur un signe qu'on le vit faire aux Prussiens que ceux-ci purent éviter d'être surpris. Il fut arrêté et traduit d'urgence devant le conseil de guerre. Vingt témoins, habitants d'Essert, furent entendus. Il était certain que le déserteur avait fait un geste de la main et que sur ce geste l'ennemi avait pris la fuite. Mais rien n'établit une connivence volontaire avec les Prussiens. Acquitté sur le chef de relation avec l'ennemi, le soldat du 45e fut condamné à cinq ans de prison pour abandon de son poste.

Il n'y eut rien de remarquable jusqu'au 15 novembre. Mentionnons toutefois, pour être complet, une reconnaissance que cinquante mobiles, de grand'garde dans l'Arsot, exécutèrent, le 14, à Roppe. Cette affaire se borna à un échange de coups de fusil et n'eut point de résultat notable.

15 Novembre.

Le 15 novembre, le village de Bessoncourt fut le théâtre d'un engagement beaucoup plus important. Ce village était fortement occupé; l'ennemi s'y était retranché. Un fossé qui en défendait l'accès s'apercevait distinctement de la Justice. Depuis plusieurs jours, les Prussiens y travaillaient activement. Le colonel Denfert résolut d'enlever ce village. Il fit lui-même le plan d'attaque qu'il communiqua aux officiers chargés de l'exécuter. En voici les principales idées :

Deux mille hommes environ de la garnison de Belfort se dirigeraient sur Bessoncourt en trois colonnes. La première, quittant la place par la coupure de Perouse, attaquerait Bessoncourt sur la droite [1]. La deuxième, moins nombreuse que la première, sortirait par la porte du Vallon, se dirigerait sur Denney et viendrait, pour faire diversion, attaquer la gauche de Bessoncourt. La troisième était destinée à soutenir la batterie d'artillerie de campagne qui, placée en avant de la Justice, dirigerait un feu très-nourri sur le front du village attaqué. Elle formait en même temps réserve. Cette colonne, composée de la 2e et de la 3e compagnie du 84e, était commandée par le chef de bataillon Chapelot, qui avait en même temps la direction de l'opération. Les deux autres étaient exclusivement composées de mobiles du Rhône et de la Haute-Saône qui marchaient au feu pour la première fois.

L'artillerie de la place avait ordre de soutenir énergiquement l'attaque.

---

[1]. Les termes gauche et droite s'entendent ici de la gauche et de la droite d'un observateur qu'on suppose placé à Belfort et regardant le point dont il s'agit.

Ainsi exécutée, l'opération aurait eu sans doute un plein succès. Il n'en fut malheureusement pas ainsi.

Le 2e bataillon du 57e, chargé d'attaquer sur la droite, engage vivement l'action. L'ennemi, abrité dans ses retranchements, le reçoit par un feu meurtrier qui fait aussitôt dans ses rangs de nombreuses victimes. Son brave commandant, M. Lanoire, tombe dès le début le front percé d'une balle. Les capitaines de Nerbonne et Peyret tombent aussi grièvement blessés. Bientôt la démoralisation s'empare de cette jeune troupe que le feu d'un ennemi invisible décime et qui n'est plus commandée. Pour comble de malheur, le détachement chargé de faire une diversion sur la gauche n'arrive pas; il s'est égaré et n'a pas pris le chemin qui conduit de Denney à Bessoncourt. N'étant ni secourus, ni commandés, les mobiles du 57e battent en retraite et laissent entre les mains de l'ennemi 200 des leurs tués, blessés ou prisonniers. Il est à peine 8 heures du matin.

Le détachement du 84e et la batterie de campagne dirigeaient pendant ce temps un feu violent sur le village de Bessoncourt et attendaient en vain l'arrivée de la colonne de gauche pour se porter en avant. Ils continuèrent la lutte longtemps encore après la retraite du bataillon de la

Haute-Saône. Tout porte à croire qu'ils firent beaucoup de mal à l'ennemi. Ils perdirent quelques hommes dont un officier, le lieutenant Rossignol, qui eut le bras emporté par un éclat d'obus.

Pendant toute la durée de l'action les forts ne cessèrent pas de tirer. Les feux de la Justice furent, de l'aveu même d'un officier prussien, très-meurtriers pour l'ennemi.

En résumé, Bessoncourt ne fut point enlevé. Nous perdîmes 200 hommes environ dont un chef de bataillon et deux capitaines. Mais les pertes de l'ennemi ne furent pas moins sérieuses. On le vit pendant toute la journée du 15 relever ses blessés et enterrer ses morts.

L'événement de Bessoncourt fit une pénible impression à Belfort. En passant de bouche en bouche, il prit des proportions énormes. En réalité, l'on n'avait pas atteint le but qu'on s'était proposé, mais on avait fait beaucoup de mal aux Prussiens. Il n'y avait pas lieu de donner à l'échec de Bessoncourt les proportions d'un désastre.

16 Novembre.

Le 15 au soir, le lieutenant-colonel Fournier vint, au nom des officiers du 57ᵉ, demander au commandant supérieur d'envoyer un parlementaire au quartier général du siége pour obtenir la remise du corps du commandant Lanoire. Un officier français, le capitaine Wehrlin, se rendait le lendemain à Roppe et rapportait l'autorisation demandée. Le général de Treskow l'avait accordée avec un véritable empressement; il avait en même temps décidé qu'un détachement de troupes allemandes de toutes armes rendrait les honneurs funèbres au commandant Lanoire. Son corps devait être remis au bataillon qu'il avait commandé, le soir même à 4 heures. Cette remise s'effectuerait à 500 pas du village de Bessoncourt. Il fut aussi convenu que les canons de la place tournés vers Bessoncourt seraient muets pendant la durée de la cérémonie.

A 2 heures de l'après-midi, le 2ᵉ bataillon du 57ᵉ, conduit par le lieutenant-colonel du régiment, quittait Belfort par la route de Bessoncourt. Quelques personnes de la ville suivaient le détachement. On s'arrêta au lieu convenu. Bientôt les troupes prussiennes sortirent du village, et se rangèrent en bataille le long de la route. Elles présentaient les armes et leurs tambours faisaient entendre un roulement funèbre. Pendant ce temps, quelques soldats défilaient devant elles; ils formaient la suite des porteurs du cercueil du commandant Lanoire. Ce cercueil était suivi de deux autres. C'étaient ceux des capitaines Peyret et de Nerbonne qui, comme on l'apprit seulement alors, avaient succombé à leurs blessures. Les trois bières étaient couvertes de couronnes d'immortelles et de fleurs artificielles; elles étaient peintes en noir et les couvercles, qui n'étaient pas cloués, laissaient s'échapper les bords d'un linceul blanc. Elles furent remises au 2e bataillon de mobiles, qui les reçut en présentant les armes, et chargées sur un humble chariot qu'on avait amené à cet effet. Quelques officiers d'état-major du général de Treskow assistaient à la cérémonie; ils remirent entre les mains du lieutenant-colonel Fournier tous les objets précieux qu'on avait trouvés sur les trois morts et la liste des blessés et des tués de l'affaire de Bessoncourt. Cela fait, ils prirent congé de lui. Les troupes prussiennes rentrèrent à Bessoncourt, les nôtres reprenaient tristement le chemin de Belfort. On était venu chercher un cadavre, on en ramenait trois....

Quelques heures après, nos canons foudroyaient Bessoncourt. Ainsi le voulaient les exigences de la guerre.

Le 17, les trois corps furent conduits au cimetière. Pour éviter d'augmenter encore l'émotion pénible de la population, on décida que les autorités militaires, escortées du bataillon Lanoire, assisteraient seules à l'enterrement, qu'on fît le plus simple possible.

L'affaire de Bessoncourt donna lieu à l'ordre du jour suivant que je me fais un devoir de reproduire :

ORDRE DE LA PLACE.

Au Commandant de place.

Le colonel commandant supérieur signale, après enquête, comme ayant mérité aux yeux de leurs chefs et de leurs camarades une mention spéciale dans le combat du 15, devant Bessoncourt, les militaires dont les noms suivent :

M. Lanoire, commandant du 2ᵉ bataillon du 57ᵉ de marche, tué à l'ennemi, dont la vigueur et l'élan pour entraîner ses soldats ont été au-dessus de tout éloge.

M. Plançon, sergent-fourrier à la 1ʳᵉ compagnie du 84ᵉ de ligne, qui, assailli par une vingtaine de soldats prussiens au moment où, après la retraite commencée, il enlevait un blessé, s'est jeté sur l'ennemi la baïonnette en avant et a eu la figure coupée d'un coup de sabre ; disparu, probablement tué.

M. Gaildraud, sergent-major, 2ᵉ compagnie, 2ᵉ bataillon du 57ᵉ de marche, qui a fait tous ses efforts pour entraîner ses hommes en leur donnant l'exemple de la fermeté et du courage.

M. Robert, soldat à la 4ᵉ compagnie du 84ᵉ, qui, après avoir été blessé au pied, a refusé de se rendre et a continué à prendre part au combat jusqu'à la fin.

Le colonel commandant supérieur fera connaître les noms de ces militaires au Gouvernement de la défense nationale aussitôt que les circonstances le permettront.

Signé : Denfert.

17-22 Novembre.

Du 15 au 23 novembre, les seuls faits à signaler sont : quelques engagements sans importance de francs-tireurs ou de mobiles postés de grand'garde avec des avant-postes ennemis, et une démonstration faite en avant de la Justice par la petite garnison de ce fort. Cette démonstration avait simplement pour but de faire sortir les Prussiens de leurs tranchées et de les exposer pendant quelques instants à nos feux. Elle eut un plein succès.

L'ennemi travaille toujours avec une activité infatigable. On voit s'élever des ouvrages en terre un peu partout, à Sermamagny, à Vezelois, à Bessoncourt. Ils ont un caractère purement défensif. Ces travaux s'exécutent par un temps magnifique. Les canons de la place les contrarient sans relâche.

Vers le 18, les troupes assiégeantes paraissent plus considérables. On voit, chaque jour, autour de la ville, de grands mouvements d'hommes et de voitures. Cela tient, sans doute, à la capitulation de Brisach, dont la nouvelle nous a été apportée par courrier.

Le service des courriers était fait à Belfort par quelques hommes adroits et résolus. Pendant toute la durée de l'investissement nous reçûmes assez régulièrement des nouvelles du dehors. Elles devinrent plus rares dès le début du bombardement. Cependant nous restâmes rarement plus de dix ou quinze jours sans communication de l'extérieur. Un certain nombre des dépêches qui nous arrivaient étaient de pure invention. J'aurai l'occasion d'en parler plus tard. Ainsi, vers cette époque, nous lûmes dans plusieurs journaux que le bombardement de Belfort avait commencé le 5 novembre.

L'accès de tous les villages occupés par l'ennemi est défendu par quelques canons de campagne. On n'aperçoit encore aucune pièce de siége ni même aucun ouvrage destiné à en recevoir. On parle bien d'obusiers monstres, de canons géants qui seraient arrivés aux Errues et à la Chapelle; mais ces bruits ne doivent être accueillis que sous bénéfice d'inventaire.

Le 20, le colonel Denfert décide la création de compagnies d'éclaireurs volontaires. Ces compagnies, formées d'éléments pris dans la garnison, agiraient isolément, et tout en restant soumises aux autorités militaires, elles auraient la faculté d'entreprendre seules les petites expéditions qu'elles jugeraient convenables. On fit appel à la bonne volonté de la garnison, qui s'empressa d'y répondre. Quatre compagnies furent aussitôt formées. J'aurai plusieurs fois l'occasion de parler de leurs exploits.

On aperçoit le 22, derrière Valdoie, une agitation extraordinaire. On affirme que l'ennemi construit des batteries en arrière de ce village. Le Château, les Barres, l'ouvrage à cornes de l'Espérance, la limite gauche du camp retranché, tirent sans relâche dans cette direction. Les rapports d'artillerie constatent pour ce jour-là une dépense de 1,700 projectiles. L'ennemi cessa ses travaux. Le soir de ce jour, des mobiles envoyés en reconnaissance engagent avec les Prussiens une fusillade très-nourrie non loin du Salbert. Ce fut une rude journée pour les Allemands cantonnés au Valdoie.

23 et 24 Novembre.

Les journées du 23 et du 24 furent fécondes en événements. Le 23 au matin, des mobiles envoyés en reconnaissance à Offemont y trouvèrent des Prussiens en réquisition. On échangea quelques coups de fusil. Il y eut de part et d'autre quelques morts et quelques blessés. Les nôtres se replièrent devant le nombre.

A 5 heures du soir on entendit tout à coup une canonnade extraordinairement vive. Tous les canons de la place tonnaient à la fois. Des masses ennemies attaquaient le versant occidental du Mont, occupé par nos troupes. On distinguait de Belfort une fusillade très-nourrie.

Les quelques compagnies du Rhône et de la Haute-Saône chargées de défendre le Mont tinrent bon pendant de longues heures. Soutenues par les feux des forts, elles durent faire éprouver à l'ennemi des pertes sensibles. Mais le nombre des assaillants augmentait sans cesse ; aux troupes décimées et fatiguées par la lutte succédaient des troupes fraîches.

Nos soldats n'eurent point une minute de repos; ils ne furent ni relevés, ni efficacement secourus. On leur envoya bien, pendant la nuit, quatre compagnies de mobiles; mais ce renfort, exclusivement composé de jeunes troupes et numériquement peu considérable, fut insuffisant. Cependant, grâce à la force naturelle de la position, ils purent résister pendant près de vingt heures.

Le lendemain à midi ils se repliaient, épuisés de fatigue, au moment même où le brave bataillon du 84e marchait à leur secours. Nous avions perdu le Mont. C'était pour Belfort une perte sérieuse.

Toutefois les feux convergents des différents forts ne permirent pas à l'ennemi d'établir des batteries au Mont, ni même d'en occuper le versant oriental. Mais l'abandon de cette position qui commandait Essert, laissa à l'ennemi la faculté d'installer, à la gauche de ce village, des batteries de siége qui, peu de jours après, ouvrirent leur feu sur la ville et sur les faubourgs.

Quelque coûteuse qu'ait été pour l'ennemi la conquête du Mont, nous la payâmes plus cher encore. On eût pu, sinon l'empêcher, du moins la retarder. Les compagnies de mobiles qui occupaient cette position au moment de l'attaque y souffraient, depuis neuf jours, de toutes les incommodités qui peuvent résulter du froid et du mauvais temps. Chargées d'y construire des abris auxquels elles travaillaient peu activement, elles furent condamnées à séjourner au Mont jusqu'à l'achèvement de ces travaux. Elles y étaient depuis le 14. Le temps était affreux, la pluie incessante, et les malheureux soldats manquaient de manteaux et de tentes. Au lieu de se heurter contre des troupes fraîches et vigoureuses, les Prussiens trouvèrent au Mont des hommes épuisés, découragés, malades. Des secours leur arrivaient le lendemain à midi. C'était trop tard.

Le Mont perdu, il ne fallait plus songer à le reprendre. Outre que cette opération eût infailliblement nécessité de grands sacrifices, elle était trop douteuse pour qu'on pût l'essayer. Il n'y avait à

Belfort, en fait d'infanterie, qu'un seul bataillon de troupes aguerries, celui du 84e. Tous les autres corps étaient composés de jeunes gens qui n'avaient pas même eu le temps d'apprendre le maniement des armes.

L'occupation du Mont donnait à l'ennemi la faculté de bombarder la ville dès qu'il le jugerait convenable. Le gouverneur avertit les habitants d'avoir à prendre toutes les précautions pour se prémunir, autant que possible, contre les effets d'un bombardement qui pouvait désormais commencer d'un moment à l'autre. Il prescrivit de faire les enterrements à la tombée de la nuit et sans cortége, pour éviter des rassemblements qui eussent attiré les feux de l'ennemi, de ne point allumer le gaz dans les faubourgs et de ne point circuler de nuit avec des flambeaux.

Pendant toute la journée du 24 et pendant une partie de la nuit, le Mont fut criblé de projectiles envoyés de tous les points de la place. La batterie d'artillerie de campagne placée en avant du hameau de la Forge fouilla au pied du Mont le village de Cravanche, qui servait de refuge à un certain nombre de Prussiens. L'ennemi essaya en vain d'éteindre les feux de la batterie de campagne à l'aide de canons placés non loin du Valdoie. Ses projectiles n'arrivèrent qu'au champ de manœuvre.

Le même jour, le commandant supérieur donna à un bataillon du 35ᵉ de marche l'ordre de faire une reconnaissance offensive sur Sevenans. Ce bataillon quitta la ville vers 3 heures de l'après-midi, accompagné de quelques pièces d'artillerie. A ce moment les Prussiens étaient tout occupés de leur nouvelle conquête du Mont; on pouvait espérer les surprendre à Sevenans. Le détachement s'avança sur deux colonnes, dont l'une fut déployée en tirailleurs le long du bois, à droite de la route. L'artillerie prit position sur un petit tertre qui dominait assez bien le village de Sevenans et les environs. Dès que le détachement fut aperçu de l'ennemi, des troupes nombreuses sortirent du village et engagèrent avec nos soldats une vive fusillade. Les nôtres s'avancèrent; l'ennemi plia. On allait entrer à Sevenans. Le commandant du détachement donna l'ordre de la retraite. Il était tard; la nuit commençait à tomber. Nos pertes ne furent pas considérables. Celles de l'ennemi sont restées inconnues. Des renseignements dignes de foi nous ont appris, quelques jours après cet événement, que dans leur retraite les Prussiens avaient laissé, à l'entrée de Sevenans, deux pièces de canon qu'on eût prises si l'on se fût avancé davantage.

On avait remarqué que, pendant l'affaire du Mont,

les Allemands avaient usé de ruses de guerre assez originales. On les avait entendus sonner, à plusieurs reprises, la retraite de nos troupes et imiter le commandement des chefs français. Le 25, une compagnie d'éclaireurs qui avait tenté une reconnaissance dans les environs du Mont, fut tout étonnée d'y apercevoir des soldats français qui, lorsqu'ils furent à courte distance, leur envoyèrent des coups de fusil. Ces prétendus Français étaient des soldats allemands affublés des capotes de notre armée. Le colonel Denfert, pour mettre la garnison en garde contre ces supercheries, fit l'ordre que voici :

ORDRE.

Les troupes sont prévenues que l'ennemi emploie toutes les ruses possibles pour dérouter nos soldats.

Ainsi, au combat du Mont, le 23 novembre, les Prussiens ont fait sonner par leurs clairons la retraite de nos troupes. La même ruse paraît avoir été employée, mais sur une échelle moins étendue, le 15, au combat de Bessoncourt.

Des Prussiens, vêtus de capotes analogues à celles de nos artilleurs, ont répondu *France* au *Qui vive* de nos sentinelles et ont ensuite fusillé nos troupes presque à bout portant.

Une autre fois ils se sont présentés vêtus de capotes provenant de campements abandonnés et de pantalons rouges.

Enfin, on les a également entendus dire, au Mont, lorsqu'ils s'approchaient pour l'attaquer : « Ne tirez pas, ce sont des mobiles! »

Il importe donc que les commandants de détachements soient exactement informés des positions des troupes qui opèrent, soit en avant d'eux, soit sur leurs flancs, de manière à ce qu'ils sachent exactement, lorsqu'ils voient une colonne s'avancer sur un autre point, qu'elle ne peut être qu'ennemie.

Denfert.

On reconnut, dans la suite, combien l'avertissement qui précède était opportun. Dans plusieurs engagements ultérieurs, les Prussiens employèrent les mêmes ruses de guerre; mais on était prévenu et nos troupes ne s'y laissèrent plus prendre.

A la date du 26 novembre le commandant supérieur prit, dans l'intérêt de la population civile, les mesures contenues dans l'ordre qui suit :

ORDRE.

Vu l'avis émis le 22 novembre 1870, par le conseil d'approvisionnement, que toutes les provisions des marchands de Belfort fussent réservées à la population civile,

Arrête :

Tous les négociants, traiteurs, etc., sont autorisés à refuser aux militaires de tout grade de la garnison la vente des denrées alimentaires de première nécessité : sel, pain, viande, légumes secs; à refuser de leur donner pension, à partir du lundi 28 courant.

A partir de demain, 27, tous les officiers et fonctionnaires assimilés appartenant aux divers services militaires toucheront, dans la proportion fixée au tarif pour les places investies et assiégées, les rations qui leur sont attribuées à titre remboursable.

Cet arrêté sera porté par M. le Maire à la connaissance de la population civile et lu à toutes les troupes de la garnison.

DENFERT.

25-27 Novembre.

Les journées du 25, du 26 et du 27 offrent peu de faits intéressants. L'ennemi continue ses travaux, que les canons de la place cherchent à empêcher. Les compagnies d'éclaireurs nouvellement formées ont avec lui de fréquentes escarmouches. La plus importante de cette période eut lieu le 25, à Essert.

Le 26, les postes avancés signalent le bruit lointain du canon que l'on entend pour la première fois. Cette bonne nouvelle confirme les renseignements qui nous étaient parvenus, relativement au voisinage de troupes françaises. A cette époque, Clerval, Audincourt et quelques autres localités des environs de Montbéliard étaient occupées par des francs-tireurs, des zouaves et des mobiles. Nous espérions déjà un mouvement dans l'Est, auquel nous devrions un jour notre délivrance. Depuis lors, on entendit à plusieurs reprises le canon lointain. On n'y attacha d'importance que lorsque commencèrent les opérations de Bourbaki.

28 Novembre.

Le 28 novembre on aperçoit de grands mouvements de troupes entre Essert et Bavilliers. L'artillerie de la place ne leur laisse pas de repos. Elle met également le feu à deux maisons du Valdoie occupées par l'ennemi.

A la même date on fait une nouvelle attaque sur Sevenans et sur le moulin de Botans. Les Prussiens sont d'abord délogés de toutes leurs positions. Ils sont en pleine retraite lorsque des renforts d'artillerie et de cavalerie leur arrivent et forcent nos troupes à se replier. Cette opération, qui n'en est pas moins un succès, est exécutée par quelques compagnies du 45e et des francs-tireurs.

A 11 heures du soir, Belfort est mis en émoi par un feu nourri de mousqueterie qu'on entend dans la direction de Belle-Vue. On croit ce fort attaqué; l'alarme est donnée en ville. L'ennemi ne fait qu'une démonstration sur Belle-Vue, démonstration qui eût pu devenir une attaque sérieuse, sans l'attitude énergique du commandant et de la garnison de ce fort.

L'alerte de Belle-Vue donna lieu, de la part de la municipalité, à l'avis suivant :

Par ordre de M. le colonel gouverneur, le Maire porte à la connaissance des habitants que dans l'alerte qui a eu lieu hier, entre 10 et 11 heures du soir, des lumières ont paru en grand nombre aux fenêtres de certaines maisons, notamment des Fourneaux et des faubourgs ;

Et que ces feux, vus de l'ennemi, lui ont servi de points de mire pour le tir de son artillerie.

En conséquence, le Maire invite expressément les habitants, en cas de nouvelle attaque nocturne, à s'abstenir, à l'avenir, dans l'intérêt de la défense de la place, d'allumer des feux dans l'intérieur de leurs maisons, à moins que les volets ne soient hermétiquement fermés et que la lumière ne puisse s'apercevoir du dehors.

Il recommande, en outre, aux habitants d'avoir la même précaution tous les soirs du côté vu par l'ennemi.

Le commissaire de police est chargé de l'exécution de la présente publication.

Belfort, le 29 novembre 1870.

Le Maire,
MÉNY.

29 et 30 Novembre.

Le 29, on aperçoit, en avant de Belle-Vue, sur la droite de Bavilliers, une tranchée assez longue, creusée par l'ennemi dans les derniers temps. Ce travail, déjà signalé précédemment, avait reçu pendant la nuit dernière un certain développement. Les Prussiens pensaient-ils à faire le siége régulier de Belle-Vue?

Pendant les nuits précédentes, on a remarqué le nombre extraordinaire des signaux prussiens. C'étaient des fusées, des feux de toutes couleurs. De notre côté, on essaya de se servir de la lumière électrique pour gêner les travaux de l'ennemi et fixer le tir de la place. Cette expérience, confiée à M. Choulette, ingénieur, officier du génie, réussit assez bien. Cependant les difficultés d'installation, le danger qu'elle présenta plus tard, pendant le bombardement, ne permirent pas d'en tirer tout le parti qu'on espérait. L'appareil électrique que nous possédions, et le miroir concave qu'un courrier avait rapporté de Besançon, pendant l'investissement, n'étaient point assez puissants.

Rien de particulier le 30 novembre. Canonnade violente de la place. Le *Journal de Belfort,* dans un ou deux articles plus maladroits que coupables, provoqua de la part de la garde nationale une lettre qui témoigne du patriotisme et du courage des citoyens de Belfort. Je reproduis ici ce document intéressant; il indiquera suffisamment la nature de l'article du journal qu'il a pour objet de désavouer.

PROTESTATION

Adressée à M. le Commandant supérieur par les gardes nationaux sédentaires de Belfort.

Monsieur le Gouverneur,

La population de Belfort vient protester contre deux articles insérés dans le dernier numéro du journal hebdomadaire de cette ville.

Le rédacteur de cette feuille, sans oser nous dire ouvertement que notre cité devrait capituler pour ne pas subir le bombardement dont elle est menacée, insinue cependant que son rôle militaire est nul et sa résistance inutile; il raille le patriotisme de ses concitoyens, qui sont résignés à tout souffrir pour conserver à notre France un pied en Alsace.

Nous désirons, comme lui, une paix prochaine et honorable; mais nous ne l'attendons point de la chute de notre capitale, que nous devons, au contraire, nous préparer à venger, si nous ne pouvons la sauver avec nos armées du Nord, de l'Ouest et du Midi. La France ne peut pas périr.

Tels sont les véritables sentiments de la population belfortaine, qui pense comme vous, Monsieur le Gouverneur, et notre brave garnison, que nous devons défendre Belfort jusqu'à la dernière extrémité et déjouer, par notre invincible résistance et notre attachement à la République, les calculs politiques de la Prusse, qui voudrait se faire un titre de l'occupation entière de l'Alsace pour conserver notre belle province. Ce sera notre éternel honneur à tous.

Nous vous prions, Monsieur le Gouverneur, etc.

(*Suivent un très-grand nombre de signatures.*)

A la réception de cette protestation, le commandant supérieur écrivit à la rédaction du *Journal de Belfort* une lettre conçue en ces termes :

Belfort, 30 novembre 1870.

Monsieur le Rédacteur,

Deux articles de votre journal, inspirés par un esprit contraire à la défense de la place et aux intérêts du pays, ont motivé, de la part des officiers de la garde nationale sédentaire et de la garde mobilisée, une protestation que je vous invite à insérer dans votre prochain numéro, en la faisant précéder de la présente lettre, qui témoigne de ma complète adhésion aux sentiments exprimés par cette protestation.

Veuillez agréer, etc.

Le Colonel commandant supérieur,

Denfert.

Le *Journal de Belfort* fit à cette protestation la réponse suivante :

M. le colonel commandant supérieur de la place de Belfort nous adresse une protestation, que nous insérons avec d'autant plus d'empressement qu'elle nous permet de protester contre l'interprétation que l'on a faite d'articles qui n'avaient ni l'intention ni le but qu'on a cru pouvoir leur attribuer.
Les lecteurs habituels de notre journal qui voudront bien demeurer impartiaux à notre égard nous rendront cette justice de reconnaître que nous n'avons jamais publié ni un article ni un seul mot qui aient pu froisser leur patriotisme et leur sincère attachement à la cité.
Une seule chose nous serait pénible dans ce débat, soulevé par des motifs dont le public restera juge : ce serait que l'honorable commandant de la place, après sérieux examen, pût croire que nous ayons eu la pensée, même la plus éloignée, de vouloir contrarier en rien les vues adoptées par lui pour notre défense et à l'habileté desquelles tout le monde à Belfort, et nous-même en particulier dans notre journal, avons été heureux de rendre un hommage sincère et mérité.

Le lecteur restera juge de ce débat. Je le cite comme preuve du sentiment patriotique qui animait la population de Belfort tout entière. Je n'ai rien à dire sur l'utilité de la résistance de Belfort.

Cette ville reste française. Qui pourrait affirmer que ce bonheur, presque inespéré, n'est pas dû à sa belle défense? Sans parler ici de l'honneur de la ville et du drapeau français, Belfort a maintenu sous ses murailles, pendant trois mois et demi, des troupes ennemies considérables qui n'ont pu faire de mal ailleurs. Qui voudrait affirmer que ce long siége n'a pas sauvé Besançon, peut-être aussi le Midi et Lyon?

1er et 2 Décembre.

Pendant le mois de novembre, la température avait été assez douce. Le temps était superbe dans la première quinzaine. S'il favorisait les travaux de l'ennemi, il nous permettait aussi de pousser activement les préparatifs de défense. Toutes les mesures étaient prises pour conjurer autant que possible les effets du bombardement auquel on s'attendait chaque jour. Les rues étaient garnies d'abris; les parties des casernes et des établissements militaires exposées au feu de l'ennemi étaient fortement blindées; on avait construit à Belle-Vue et aux Perches des huttes solides et résistantes pour y loger la garnison, et on avait en même temps protégé l'artillerie de la place par d'épais blindages.

Les derniers jours de novembre furent humides et pluvieux. Nous eûmes beaucoup de malades de la petite vérole. Cependant la mortalité n'était pas encore énorme.

Avec décembre vint le froid, un froid sec et pénétrant. Les soldats étaient assez mal vêtus. Mais à tout prendre, ce temps valait mieux que l'humidité des jours précédents.

Les journées du 1er et du 2 furent relativement calmes. On signala dans la direction de Chalonvillars quelques convois ennemis sur lesquels on fit feu. La canonnade était moins vive que les autres jours. Ce calme était le précurseur d'un bombardement peut-être sans pareil dans l'histoire. Il commença le 3 décembre.

CHAPITRE III.

BELFORT PENDANT LE BOMBARDEMENT.

(3 décembre 1870 — 13 février 1871.)

---

3 Décembre.

Dès 7 heures du matin quelques obus tombent sur le faubourg du Fourneau. A 8 heures, on trouve des éclats en ville. Des projectiles font explosion au pied du Château et dans le voisinage de l'Arsenal. On apprend en même temps que l'ennemi dirige sur les forts de Belle-Vue et des Barres un feu assez violent. Il n'y a plus d'illusions possibles. C'est le bombardement qui commence. Il résulte de l'examen des fragments de projectiles que l'on recueille que l'ennemi n'a pas encore installé de pièces de siége de gros calibre. Il tire avec des canons de 6 et de 12 de campagne. Ses batteries, installées sur la hauteur d'Essert, un peu à gauche de ce village, ont été construites en une nuit. On aperçoit aussi entre Essert et Bavilliers une longue ligne de tranchées qui n'existaient pas la veille. Le nombre de ses pièces est de 10 à 12 au plus. La place répond énergiquement. Plusieurs fois dans la journée, les Prussiens sont obligés de ralentir leur feu.

La population de Belfort ne se montre ni alarmée, ni surprise. Chacun s'attendait à ce qui arrive. Les caves ont été disposées pour recevoir le plus de monde possible. Elles sont en général pourvues de fourneaux et des meubles les plus nécessaires. C'est un spectacle curieux que celui des rues de la ville. Elles sont bientôt désertes; quelques rares passants s'empressent de faire leurs dernières provisions, de prendre leurs dernières précautions. A droite et à gauche, les soupiraux des caves sont murés ou bouchés avec du fumier et de la terre. Chaque soupirail est traversé par un tuyau de cheminée, d'où, pour la première fois, l'on voit sortir de la fumée. Cet état de choses rend les trottoirs impraticables.

Les casemates du Château et des forts ont été également préparées pour recevoir le plus de monde possible. Malheureusement elles sont insuffisantes et parfois trop peu résistantes. Pendant la durée du bombardement, on aura bien des accidents à déplorer dans les casemates et les abris, et ces accidents seront les plus terribles, car le projectile qui les causera éclatera au milieu d'un groupe plus ou moins considérable de soldats. Les états-majors du commandant supérieur, de la place, du génie et de l'artillerie, les bureaux de l'intendance sont aussi installés dans les casemates d'une des dépendances du Château. Cela n'empêchera pas les officiers supérieurs d'en sortir pour vaquer à leur service. Seul, le gouverneur est condamné pendant la durée du bombardement à une réclusion permanente. Les règlements militaires lui défendent de s'exposer, car c'est sur lui que reposent le soin de la défense et la responsabilité. Sa vie ne lui appartient pas, elle appartient au pays, elle appartient à la ville qu'il est chargé de sauver. Il n'a pas le droit de compromettre une existence à laquelle se rattachent tant et de si graves intérêts et dont dépend le plus souvent celle de la place même qu'il commande. Et puis ne doit-il pas être toujours à même de recevoir sur-le-champ toutes les communications, de répondre à l'instant à toutes les dépêches et de prendre sans délai les mesures qu'une attaque ou tout événement imprévu peut rendre nécessaires? Il faut donc qu'il soit à son poste, qu'il y soit toujours, à toute heure du jour et de la nuit et qu'on n'ait pas à le chercher même pendant un quart d'heure. D'ailleurs, il connaît la forteresse; il la voit sans cesse en imagination, et les cartes qu'il a toujours sous les yeux lui montrent clairement l'état des opérations de siége et de défense. Les informations ne lui font pas défaut; il voit par les yeux des officiers d'état-major; l'un d'eux, M. Degombert, a payé de sa vie les renseignements qu'il recherchait pour lui; il reçoit chaque jour dix rapports, et il réunit chaque matin tous les chefs de corps pour entendre leurs observations.

Il n'y a pas à Belfort de conseil de défense proprement dit. Le gouverneur se concerte tous les jours avec tous les chefs de corps qu'il réunit chez lui le matin. Du reste, il conserve à lui seul, et pour des raisons qu'il n'y a pas lieu d'exposer ici, une autorité absolue. C'est une dictature, a-t-on dit; oui, mais une dictature rendue nécessaire par les circonstances. Je n'ai pas à insister sur ce point délicat. Je me contente de rappeler un fait que j'ai déjà cité plus haut et qui vaut des arguments : Lorsque le général de Chargère convoqua le conseil de défense au mois d'août pour lui demander s'il y avait lieu de garder Perouse, Danjoutin et les Perches, tous les membres répondirent non, à l'exception du commandant Denfert. Or, M. Denfert devenu colonel et gouverneur avait appliqué son système de défense contrairement à l'avis du conseil; la garnison occupait tous les villages voisins, et les Prussiens perdirent un mois avant de commencer le bombardement et mirent trois mois à prendre les Perches.

Le bombardement continue sans interruption pendant toute la journée du 3. Quatre ou cinq personnes ont été atteintes par des éclats d'obus, quelques toitures ont été démolies. M. le préfet du Haut-Rhin, qui était venu s'établir à Belfort après avoir été chassé de Colmar par l'ennemi, adresse aux habitants la belle proclamation qui suit :

RÉPUBLIQUE FRANÇAISE.

LIBERTÉ, ÉGALITÉ, FRATERNITÉ.

Aux habitants de Belfort.

Citoyens,

L'heure du péril est venue et avec elle l'heure des dévouements.

Je connais trop votre patriotisme pour avoir besoin de lui faire un suprême appel. La population civile et la population militaire, unies par les liens d'une entière et légitime confiance, seront dignes l'une de l'autre dans la lutte qu'elles sont appelées à soutenir.

L'histoire dira un jour que les lâchetés et les trahisons de Sédan et de Metz ont été rachetées par le courage de Belfort ; elle dira qu'il ne s'y est rencontré ni un soldat ni un habitant pour trouver, au jour du danger, les sacrifices trop grands ou la résistance trop longue; elle dira, enfin, que tous, sans hésitation et sans défaillance, nous avons serré nos rangs au pied de votre château : c'est pour nous aujourd'hui plus qu'une forteresse, c'est la France et l'Alsace, c'est deux fois la patrie.

Citoyens, que chacun de nous remplisse son devoir à ce cri qui était autrefois un gage de la victoire et qui la ramènera sous nos drapeaux :

Vive la République !

Belfort, le 3 décembre 1870.

Le Préfet du Haut-Rhin,
GROSJEAN.

4 Décembre.

Le nombre des pièces prussiennes faisant feu sur la place s'est accru aujourd'hui. Leurs obus sont de plus gros calibres. L'ennemi nous envoie des projectiles de 24 rayé, modèle français, qu'il aura pris, sans doute, à Strasbourg ou à Metz. Plusieurs maisons de la ville et des faubourgs sont atteintes; les toitures seules ont sérieusement souffert. L'ennemi s'acharne surtout sur le fort des Barres; il y démolit quelques embrasures et parvient à briser les roues d'une pièce de canon. Ces dégâts, peu importants, sont facilement réparables.

Le nombre des blessés et des morts est plus considérable qu'hier.

En installant leurs batteries entre Essert et Bavilliers, les Prussiens ont causé à Belfort une véritable surprise. Jamais on n'eût supposé qu'ils choisiraient ce point d'attaque et qu'ils s'efforceraient de battre en brèche, d'une distance de 3 kilomètres, le roc sur lequel est assis le Château. Quant à faire, de ce côté, le siége régulier de la ville, cela paraissait déraisonnable. Avant d'arriver au mur d'enceinte il eût fallu prendre Belle-Vue, les Barres, et ce n'était pas chose aisée, s'emparer ensuite de la gare et des faubourgs défendus par une nombreuse garnison et d'importants travaux! Tel n'était pas, tel ne pouvait être le but du général de Treskow! A Essert, il était bien placé pour foudroyer la ville et les faubourgs, et sûr de l'efficacité de ce procédé, plusieurs fois déjà consacré par le succès, il l'employait pour réduire Belfort. Nous verrons plus tard qu'il reconnut lui-même son erreur et qu'il abandonna son premier plan d'attaque.

Les pièces de la place qui pouvaient répondre aux batteries prussiennes étaient d'abord peu nombreuses. On avait toujours cru inutile d'armer les points inattaquables. On trouva, à Belfort, un ingénieux moyen de suppléer à cet inconvénient. Les pièces du cavalier du Château qui tiraient à l'est, sur les Perches et au delà, furent retournées, de telle sorte que les culasses seules touchassent aux embrasures. Ainsi disposées, elles étaient pointées vers l'ouest, c'est-à-dire vers Essert. Mais elles étaient masquées par la caserne du Château. Grâce à l'abaissement du pas de la vis de pointage, elles purent tirer par-dessus le bâtiment et faire beaucoup de mal à l'ennemi. Pour les pointer, on avait établi des repères sur la plate-forme de la caserne. On disposa de même les pièces placées derrière la tour des Bourgeois, et on les fit tirer par-dessus cet ouvrage. Cette disposition rendit de très-grands services. Les canons qu'abritaient la caserne du Château et la tour des Bourgeois, étaient invisibles pour l'ennemi, qui ne put les démonter. Ceux de la tour étaient encore intacts lors de la reddition de la place.

En même temps, on installait, à droite et à gauche de la cour du Château, deux pièces de 24 rayées protégées contre les projectiles prussiens par de solides abris. Celle de gauche était la célèbre Catherine, dont j'ai dit quelques mots plus haut.

Ces différents travaux, dus à l'initiative du commandant supérieur et du capitaine d'artillerie de la Laurencie, furent exécutés sous l'habile direction de ce dernier.

5 Décembre.

Le bombardement est beaucoup plus violent que les jours précédents, le nombre des victimes plus grand. Le pavillon qui surmonte la porte de Brisach, le café de l'Europe, la maison Lebleu et la sous-préfecture sont endommagés par des projectiles, dont l'effet le plus apparent est de faire tomber dans les rues une grêle de tuiles.

La ville, les faubourgs, le Château, les forts des Barres, de Belle-Vue et des Basses-Perches, reçoivent plus de 3,000 projectiles. On voit, aujourd'hui, des obus prussiens à rayures circulaires. Ils sont enveloppés d'une chemise de plomb.

Un prisonnier allemand, d'origine polonaise, ramené par les éclaireurs, nous apprend que le tir de la place fait beaucoup de mal à l'ennemi.

Un courrier arrive aujourd'hui de la Suisse. Il apporte la nouvelle des victoires remportées les 29 et 30 novembre, sous Paris, et en même temps la fameuse proclamation de M. Gambetta. On parle aussi d'un succès important que Kératry et Fiéreck auraient eu sur von der Thann et le duc de Mecklembourg. Ces heureuses nouvelles, auxquelles nous accordons la foi la plus entière, nous transportent de joie; elles nous font oublier toutes les douleurs et tous les dangers du présent. Bien des fois encore, avant la fin de ce long siége, nos cœurs, à la nouvelle des prétendues victoires remportées par nos armées, s'ouvriront à l'espérance. Mais, bientôt, l'illusion fera place à la réalité et les nouvelles de nos désastres nous seront d'autant plus douloureuses qu'elles étaient moins attendues. Les fausses dépêches annonçant de grands succès pour nos armes, suivies de messages authentiques annonçant de cruels revers, produisaient l'effet que recherchaient ceux qui nous les envoyaient, la démoralisation.

6 Décembre.

Un projectile ennemi blesse, au camp retranché, six sous-officiers, dont deux grièvement. Trois obus éclatent dans la prison; on est obligé de réunir, au premier étage et au rez-de-chaussée, les prisonniers civils et militaires. Sur le soir, le sous-intendant militaire et un de ses parents qui se trouvait momentanément avec lui dans sa casemate, sont légèrement atteints par les éclats d'un projectile qui fait explosion contre l'angle d'une meurtrière. On signale un incendie au faubourg. Un projectile met le feu au magasin à fourrage, qu'on avait eu la précaution de vider. Une partie seulement du bâtiment devient la proie des flammes. L'hôpital militaire n'est pas même épargné, malgré le drapeau international qui flotte sur la partie la plus élevée de son toit et qu'on aperçoit de fort loin. Un obus pénètre dans une des salles de ce bâtiment; un autre fait éclater, au pied même de l'hôpital, un caisson de munitions laissé là pour l'approvisionnement de la pièce qui défendait la route de Montbéliard.

Les nombreux malades et blessés qui reçoivent des soins à l'hôpital sont, sans cesse, exposés à être tués dans leur lit. On prend toutes les précautions possibles pour empêcher de pareils malheurs. On transporte un grand nombre de malades à la caserne de l'Espérance, qu'on convertit en ambulance. Plus tard, au fur et à mesure que les besoins l'exigeront, de nouvelles ambulances seront créées à l'Hôtel de ville, dans les maisons Grosborne, etc. L'hospice civil est réservé à la population.

L'ennemi envoie des obus à balles. Un de ces projectiles qui n'a pas éclaté contenait 240 balles. On reçoit également des obus incendiaires. La matière incendiaire est renfermée dans un tube en cuivre. Ce tube se trouve sous la capsule de l'obus. Pour la première fois également les Prussions font usage d'un projectile énorme. Sa hauteur est de 36 centimètres, son diamètre de 15. Il est recouvert de plomb. L'artillerie allemande a voulu exhiber aujourd'hui un échantillon des différents moyens dont elle dispose.

Sur le soir l'ennemi attaque la ferme de Froideval, près de Danjoutin. Ce poste était gardé par une compagnie détachée de la garnison de ce village. Après quelques minutes de lutte, les assaillants se retirent en laissant quatre des leurs sur le terrain.

On fait encore un prisonnier. C'est un Saxon. Il s'étonne de se voir bien traité. Ses chefs lui avaient dit que nous maltraitions les prisonniers [1].

---

1. Voici ce que dit, à la date du 6 décembre, une dépêche reproduite par le *Journal de Genève* et relative au siége de Belfort :

« *Boncourt*, le 6 décembre. — D'après des renseignements donnés par des gens venant de Belfort, deux parallèles sont déjà terminées ; la troisième est ouverte aujourd'hui.

« Une canonnade très-forte a lieu depuis trois jours, surtout cette nuit et ce matin. La moitié de la ville est déjà brûlée.

« Belfort ne tiendra pas au delà de cinq jours, selon le dire des Prussiens.

« Les personnes sorties de la ville sont fort découragées. »

Il n'y a, pour ainsi dire, dans cette dépêche pas un mot de vérité.

7 Décembre.

Le feu de l'ennemi s'est ralenti ce matin. Dans l'après-midi, il reprend sa première vivacité. Un grand nombre de maisons sont atteintes. L'église a particulièrement souffert. Au Château, quelques mobiles, voulant dévisser un obus prussien, le font éclater. Cette imprudence coûte la vie à trois d'entre eux.

Un journal de Genève qui nous arrive aujourd'hui vient troubler la joie que nous avaient causée la proclamation de Gambetta et les nouvelles reçues dans la journée du 5. Les dépêches prussiennes sont en contradiction avec les dépêches françaises. D'après les premières, les journées du 29 et du 30 novembre seraient des défaites pour nous et nous aurions été battus partout. Mais les Prussiens n'ont-ils pas l'habitude du mensonge? Ont-ils jamais reconnu une seule de leurs défaites? N'ont-ils pas appelé Rezonville et Gravelotte des victoires? Et puis, en continuant la lutte après Sédan, le roi de Prusse n'a-t-il pas assumé sur sa tête une responsabilité si grande qu'il est actuellement dans l'impossibilité d'avouer un échec? C'est ainsi, qu'en raisonnant, nous parvenions à conserver nos illusions et à n'avoir plus confiance que dans les dépêches françaises, qui, elles aussi, il faut bien le reconnaître, exagéraient et parfois inventaient les victoires.

8 Décembre.

Le tir de l'ennemi, qui avait hier spécialement pour objectifs les faubourgs et les Barres, est presque exclusivement dirigé sur la ville aujourd'hui. Dirai-je qu'il y fait de graves dégâts et de nombreuses victimes? C'est et ce sera longtemps encore le triste refrain de chaque jour. Le collége est mutilé; c'est d'autant plus regrettable que ce bâtiment était converti en ambulance et prêt à recevoir des malades.

Un éclat d'obus lancé hier dans la salle des délibérations du conseil de guerre, pendant une séance, motive un ordre supérieur qui suspend les séances jusqu'à ce qu'un lieu plus sûr ait été désigné. On désigna plus tard, à cet effet, une petite casemate sombre et basse, qu'on éclairait de quelques bougies pendant les audiences. Le conseil de guerre siégeait alors au milieu d'un appareil peu solennel, mais lugubre, qui lui donnait quelque ressemblance avec l'ancien conseil des Dix. La crainte de ressembler par trop aux juges de Venise fut peut-être la raison de l'extrême indulgence dont ont fait preuve à Belfort les membres du conseil de guerre !

On parle de batteries de mortiers que l'ennemi installerait sur la croupe du Mont, à Cravanche et au Valdoie. Ces bruits ne reçurent pas confirmation.

9 Décembre.

La journée commence mal. On parle de mauvaises nouvelles d'Orléans et de Paris. Bientôt le *Journal de Genève* vient confirmer ces bruits. Les Français ont perdu Orléans. C'est un grand malheur qui retardera la délivrance de Paris, s'il ne la rend impossible.

Il neige assez abondamment depuis hier. C'est un temps qui nous est favorable. Il gênera les travaux de l'ennemi et rendra plus difficile son approvisionnement de projectiles qu'il fait chercher, dit-on, par voitures à Dannemarie, où le chemin de fer les amène.

Les obus pleuvent sur les hôpitaux et sur les ambulances. Des malades sont tués dans leurs lits à l'ambulance de l'Hôtel de ville. Malgré le zèle infatigable du maire, il est difficile d'apporter remède à cet état de choses. Aucun asile n'est sûr; les casemates sont insuffisantes pour la garnison, dont une grande partie loge dans des abris en bois, dans les bâtiments de la gare ou dans les maisons du faubourg et de la ville. D'ailleurs l'air humide et vicié des casemates ne permettrait pas d'y installer des malades. Tout cela est horrible, et chaque jour qui s'écoule vient encore augmenter les horreurs de la veille.

Vers 7 heures, l'alarme est donnée en ville par une vive fusillade qu'on entend à la fois du côté de Bavilliers et du côté de la forêt de l'Arsot. Voici l'explication de ce fait : Une reconnaissance prussienne s'était approchée de Belle-Vue et s'était engagée dans l'inextricable réseau de fils de fer qui garnissait les abords de cet ouvrage [1]. Elle fut reçue par les balles et les boulets et se replia aussitôt en désordre en laissant sur le carreau une dizaine de morts et de blessés. Nous n'eûmes point de pertes de notre côté. Presqu'en même temps un détachement des mobiles du 16e, qui campait à la Forge, chassa de la forêt d'Arsot l'ennemi qui en avait pris possession, et lui mit quelques hommes hors de combat.

Pendant l'escarmouche de Belle-Vue on fit un

---

1. Les abords des forts avancés étaient plantés de branches d'arbres et de piquets peu élevés, reliés entre eux par des fils de fer à peu près invisibles. Cette précaution rendait l'assaut très-difficile.

prisonnier dans des circonstances qui prouvaient combien peu la guerre enchantait nos vainqueurs. Il s'était approché d'un mobile qui lui offrait sa gourde et qui l'a ramené en lui donnant le bras jusqu'à Belfort. Ce prisonnier était un jeune homme de 23 ans. Il paraissait fort réjoui de l'aventure.

10 Décembre.

Le bombardement, assez vif pendant la nuit, se ralentit pendant la journée. On attribue ce calme relatif à la neige et au mauvais temps. Vers 4 heures l'ennemi ne tire presque plus. C'est du reste ce qui arrivait tous les jours; à la tombée de la nuit le feu était pendant quelques instants considérablement ralenti. Les Prussiens profitaient de ce moment pour relever leurs soldats et leurs travailleurs.

Nouvelle reconnaissance offensive dans la forêt d'Arsot par quatre compagnies du 16e. Deux morts et deux blessés de notre côté. L'ennemi ne résista pas longtemps; il perdit un officier que l'on vit tomber de son cheval. Les mobiles, en arrivant sur la crête de l'Arsot que les Allemands avaient abandonnée, y burent le café préparé par ceux-ci; ils enlevèrent en même temps quelques objets de campement.

Le soir, la compagnie des éclaireurs de la Haute-Saône reçut, du commandant de Belle-Vue, l'ordre d'aller reconnaître et détruire, si c'était possible, une tranchée que l'ennemi faisait à quelques centaines de mètres en avant de ce fort. La compagnie, prétextant le danger de l'opération, refusa d'obéir. A cette nouvelle, le commandant supérieur ordonna immédiatement la dissolution de la compagnie et la comparution des chefs devant le conseil de guerre, convoqué d'urgence pour le 18. Le conseil de guerre tint séance dans la caserne du Château, pendant un bombardement formidable dirigé surtout sur le Château. Après de longs et intéressants débats, le conseil prononça la destitution du capitaine, coupable seulement au fond de manque d'énergie dans son commandement, et l'acquittement du lieutenant. Dans cette affaire les vrais coupables étaient quelques mauvais sujets de la compagnie, qui avaient entraîné les autres au refus d'obéissance.

11 et 12 Décembre.

Le feu de l'ennemi est excessivement vif. La ville souffre beaucoup. L'église et les maisons qui l'avoisinent sont littéralement criblées. Beaucoup de soldats sont blessés dans les postes. L'ennemi bombarde Danjoutin à l'aide de batteries volantes. Malgré la violence d'un bombardement sans trêve, nous n'avons eu à déplorer jusqu'ici qu'un très-petit nombre d'incendies. Cela tient à la vigilance et au courage des guetteurs et des pompiers, qui réussissaient presque toujours à éteindre les incendies dès leur début. Pour reconnaître les services signalés que ces braves gens rendaient chaque jour, le préfet écrivit au maire la lettre suivante :

Belfort, 12 décembre 1870.

Monsieur le Maire,

Depuis le commencement du bombardement, les pompiers de Belfort n'ont pas cessé de faire en ville et aux faubourgs leur service pénible et dangereux avec un courage que je constate chaque jour et que je me ferai un devoir de signaler au Gouvernement, à la première occasion. Pendant que ces hommes se donnent tout entiers à la sauvegarde de la cité et concourent directement de la sorte à la défense de la place, il est équitable que l'État vienne en aide aux familles des pompiers les moins favorisés par la fortune.

Je suis certain d'entrer dans les vues du gouvernement républicain en vous offrant, sur les fonds de l'État, un crédit de 500 francs, que vous répartirez entre les familles des pompiers qui ont le plus besoin d'aide et de secours.

Vous êtes bon juge, Monsieur le Maire, en fait de courage ; vous nous en fournissez tous les jours la preuve, et dans la répartition que vous ferez, vous saurez apprécier exactement les mérites et les situations.

Veuillez agréer, etc.

Le Préfet du Haut-Rhin,
GROSJEAN.

13 et 14 Décembre.

Calme relatif. Quelques obus seulement sur le Château et sur ses dépendances. A midi, le tir reprend sa vivacité habituelle. Pendant la nuit du 11 au 12, nos grand'gardes ont entendu la musique prussienne à Essert. A cette musique se mêlaient des hurras et des chants. Que signifiait cette réjouissance? Les Allemands célébraient-ils une nouvelle victoire? On n'était pas rassuré. On apprit plus tard que les causes de cette fête étaient l'anniversaire de la naissance du roi de Saxe et l'attribution au roi Guillaume du titre d'empereur d'Allemagne.

Le 13, une partie des troupes cantonnées à Danjoutin et quelques compagnies du 84ᵉ reçurent l'ordre de chasser l'ennemi de la forêt de Bavilliers et d'occuper cette position.

L'opération, conduite par le commandant Gély, réussit bien. Les Prussiens surpris résistèrent peu.

On [s'empara du bois. Cette nouvelle produisit bon effet à Belfort. Mais on n'eut pas à s'en réjouir longtemps. Pendant la nuit suivante, une dépêche de Danjoutin annonçait que les Prussiens attaquaient en forces le bois du Bosmont et la ferme de Froideval, occupés par la garnison du village. Bientôt un nouveau télégramme nous apprenait que nos troupes avaient dû, après une énergique résistance, se replier devant le nombre des assaillants et leur abandonner le Bosmont et Froideval, mais qu'elles se préparaient à faire un grand effort pour reprendre ces positions. D'un autre côté, on était sans nouvelles des deux compagnies du 84e chargées de défendre le bois de Bavilliers nouvellement conquis. Elles étaient très-probablement cernées. A 5 heures du matin, Belfort ne recevait plus de communications de Danjoutin et l'on entendait une forte fusillade dans la direction de ce village. On crut à une attaque du village même. Pourtant on remarquait que les coups de fusil partaient surtout des bois voisins, où l'on se battait toujours.

L'anxiété était grande à Belfort; on ne savait rien de bien précis sur la situation de nos troupes à Danjoutin. Dans l'après-midi, une communication officieuse d'un employé du télégraphe vint l'augmenter encore. Les Prussiens, disait-il, entraient au village. En même temps, un incendie éclatait au pavillon où l'on avait remisé le bétail d'approvisionnement. On battit aussitôt la générale. En un instant les troupes furent sous les armes, prêtes à toute éventualité. Le bombardement faisait rage. Il était dangereux de laisser tant de monde au dehors. On ne savait quel parti prendre. De Danjoutin, l'ennemi pouvait attaquer les faubourgs..... Enfin, vers 3 heures, une dépêche du commandant Gély vint calmer les inquiétudes en nous apprenant la vérité.

Danjoutin n'avait point été attaqué; mais les Prussiens étaient restés maîtres du Bosmont et de la ferme de Froideval et avaient repris le bois de Bavilliers. Les deux compagnies chargées de la défense de la forêt de Bavilliers avaient été cernées par l'ennemi. Après de longues heures de lutte, elles avaient réussi à franchir le cercle qui les étreignait. Nos pertes ont été de 140 hommes. Celles des Prussiens ont été grandes. Le détachement du 84e leur a fait surtout beaucoup de mal. Enveloppé de toutes parts, il laissait l'ennemi s'approcher à la faveur du brouillard et décimait ses rangs par des feux de peloton.

On fit rentrer les troupes. La tranquillité se rétablit. On était maître du feu qui avait commencé à dévorer le pavillon des bestiaux.

Dans l'attaque du bois de Bavilliers, le 13, nos soldats ont fait quelques prisonniers. Un médecin et son aide tombèrent notamment entre leurs mains. Comme ils étaient armés tous deux, qu'ils n'avaient pas de brassards et qu'on ne connaissait pas leurs insignes, ils furent amenés à Belfort et retenus prisonniers sur parole. On leur assigna comme demeure l'hôpital militaire.

La captivité de ce médecin étonna, paraît-il, beaucoup les Prussiens, qui se plaignaient de la violation de la convention de Genève. La seule raison de cette captivité est, qu'ayant été amené à Belfort, où il avait vu la forteresse, ce médecin eût pu, s'il eût été mis en liberté, donner à l'état-major allemand des indications nuisibles à la défense.

15 et 16 Décembre.

Ces deux journées furent cruelles pour la population et pour la ville de Belfort, et cependant il est visible que l'ennemi dirige surtout son feu sur le Château et ses dépendances qui servent d'abris aux bureaux des états-majors. On évalue à 5,000 le nombre des projectiles tombés pendant chacune de ces journées sur les différents points de la place. Des bombes sont envoyées sur les forts de Belle-Vue et des Barres, qui n'avaient reçu jusqu'ici que des obus. Les flammes dévorent la maison Jacquemin. Ici, comme à Strasbourg et à Brisach, il est difficile de combattre les incendies, parce que le foyer sert spécialement de point de mire à l'ennemi. On empêche l'incendie au début; on ne peut l'éteindre quand il s'est développé. 11 soldats du 45ᵉ sont blessés ou tués pendant leur sommeil dans une maison du faubourg. On déplore aussi la mort de 2 ou 3 personnes civiles.

17 Décembre.

L'événement le plus considérable de la journée et l'un des plus considérables du siége fut la réception d'une lettre que le président de la Confédération suisse adressait au colonel Denfert pour l'informer qu'il allait tenter d'obtenir du général de Treskow la sortie des vieillards, des femmes et des enfants de la place de Belfort. Cette lettre fut remise à un de nos officiers de grand'garde par un parlementaire prussien. Il résultait de cette dépêche, que le Conseil fédéral venait renouveler en faveur des malheureux habitants de Belfort la belle démarche qu'il avait faite auprès du général de Werder pendant le bombardement de Strasbourg.

A cet effet, il avait envoyé au quartier général du corps de siége des délégués chargés de deux lettres, l'une pour le général prussien, et l'autre pour le commandant de Belfort. Ces délégués étaient : MM. Paulet, directeur du cadastre; Schneider, vice-président du tribunal de Porrentruy, et Froté, lieutenant-colonel. Le général de Treskow avait lui-même fait parvenir au colonel Denfert la lettre qui lui était destinée. Il y avait lieu d'espérer qu'il donnerait suite à la demande du Conseil fédéral, d'autant plus aisément que son adhésion, commandée par l'humanité, ne pouvait en rien lui nuire. Belfort, en effet, était largement pourvu de vivres; Treskow devait le savoir. Il n'avait donc aucun intérêt à maintenir dans la place quelques bouches de plus. D'autre part, la faible importance de la population civile ne lui permettait pas de croire qu'elle pût jamais exercer une influence sérieuse sur la question de reddition.

Le commandant supérieur adressa au président de la Confédération suisse une lettre dans laquelle il le remerciait de sa démarche et l'assurait de son entier consentement. Il lui fixait en même temps les conditions auxquelles, selon lui, la sortie des personnes inoffensives devait être subordonnée, dans l'intérêt de la défense de la place. Ces personnes devraient sortir de la ville et gagner la frontière le jour même. Leur sortie s'effectuerait pendant un armistice qui comprendrait, non-seulement la cessation des hostilités de part et d'autre, mais aussi, de part et d'autre, la suspension de toutes espèces de travaux. Copie de cette lettre fut adressée au général de Treskow, avec lequel le colonel Denfert ne croyait pas avoir à traiter directement.

Les autorités civiles de Belfort furent informées de la démarche des Suisses et invitées à dresser la liste des personnes appelées à en bénéficier. Beaucoup de vieillards, de femmes et d'enfants se firent inscrire. On attendait avec anxiété l'heure du départ. On l'attendit longtemps. Cette heure ne vint pas.

Nous ne reçûmes à Belfort aucun renseignement direct sur la suite qui avait été donnée à la généreuse démarche du peuple suisse. Des communications particulières nous apprirent beaucoup plus tard que Treskow n'avait pas voulu accorder une autorisation que Denfert ne lui avait point demandée, et qu'il entendait, non pas obéir aux conditions que lui dicterait le commandant de Belfort, mais bien fixer lui-même les termes et la limite de la faveur qu'il aurait accordée aux Belfortains. Quoi qu'il en soit, les jours s'écoulaient; le nombre des victimes s'accroissait sans cesse dans la population comme dans la garnison, et personne ne sortit. Moins heureux en cela que Strasbourg, Belfort vit s'éloigner pour jamais la délégation suisse.

Les délégués avaient échoué dans leur mission charitable. Le mérite de nos généreux voisins n'en est en rien diminué, et Belfort conservera l'inaltérable souvenir de leur humanité.

18 et 19 Décembre.

Le bombardement qui, grâce peut-être à l'arrivée des délégués suisses au quartier général prussien, avait été un peu ralenti, recommence, plus implacable que jamais. La ville, les faubourgs, les forts de l'Est et du Sud reçoivent une pluie de fer. La plupart des maisons ont leurs murailles percées, leurs toitures démolies. Les rues sont pleines de décombres. On y circule avec peine. Un obus éclate dans une salle de l'hôpital militaire, coupe un infirmier en deux, tue un malade dans son lit et blesse un médecin et une sœur de charité. On fait évacuer complétement l'hôpital, en y laissant seulement les malades et les blessés prussiens. Bientôt les maladies feront de grands ravages à Belfort. Les ambulances seront trop pleines. On sera forcé de soigner les varioleux à l'hôpital militaire.

Les Prussiens ont profité de l'occupation des bois voisins de Danjoutin pour y établir des batteries. L'une d'elles, installée en avant d'Andelnans, ouvre son feu, le 18, sur Danjoutin. Le service des incendies n'y est point organisé comme à Belfort. Six maisons deviennent la proie des flammes dans la journée du 18.

20 Décembre.

L'ennemi continue à canonner Danjoutin. Son but est de rendre ce village inhabitable, d'en chasser nos troupes pour s'en emparer ensuite. En ville, la nuit et la matinée ont été assez calmes. Le bombardement, plus sévère dans l'après-midi, occasionne de grands dégâts. Les maisons situées sur la place d'armes, l'église, la sous-préfecture sont particulièrement éprouvées.

Vers 5 heures du soir, nous entendons tout à coup, dans la direction de Belle-Vue, un feu de mousqueterie très-nourri, auquel se mêlent quelques coups de canon. Serait-ce une nouvelle tentative d'attaque sur cet ouvrage, qui coûte déjà si cher à l'ennemi? Ce fut l'opinion générale. On ne tarda pas cependant à connaître la vérité. Les commandants du fort des Barres et de Belle-Vue s'étaient entendus pour envoyer un petit détachement en reconnaissance sur les tranchées de l'ennemi. Ces tranchées avaient pris, en avant de Belle-Vue, un développement considérable. Le but de cette reconnaissance était de forcer l'ennemi à se montrer et de l'exposer ainsi aux feux de la place et spécialement à ceux de l'infanterie et à l'artillerie des deux ouvrages les plus rapprochés de ses travaux. L'opération, confiée à une compagnie d'éclaireurs commandée par le capitaine Porret, réussit au delà de toute espérance. Trompés par les cris, par l'entrain des nôtres, dont l'obscurité de la nuit dissimule le petit nombre, les Allemands sortent précipitamment de leurs tranchées et sonnent aussitôt l'alarme. Ils se croient attaqués sur toute la ligne. Des bataillons quittent aussitôt Bavilliers en toute hâte pour venir à leur secours. Il y a bientôt un grand nombre de Prussiens prêts au combat. A cet instant, les forts de la ville ouvrent sur ces masses un feu incessant; les Barres et Belle-Vue tirent à mitraille; l'infanterie de ces deux forts, abritée derrière les parapets, les fusille presque à coup sûr, tandis que notre petit détachement d'éclaireurs se replie en combattant. Les Prussiens, surpris et abîmés, répondent en tirant dans le vide; leurs artilleurs mêmes perdent la tête; les feux de leurs batteries n'ont pas de direction raisonnable. Ils envoient des bombes de plein fouet et se servent de leurs mortiers comme de canons. Au bout de quelques instants, ils se décident à la retraite et les nôtres rentrent dans le fort. L'ennemi a dû faire des pertes considérables; on entendait du faubourg les cris de douleur de ses blessés. De notre côté, nous n'avions engagé qu'une compagnie qui, déployée en tirailleurs, n'offrait pas de prise aux feux désordonnés de l'ennemi. Nous eûmes 5 ou 6 blessés.

21-26 Décembre.

A la suite de la démonstration d'hier, l'ennemi a considérablement ralenti son feu. Il est presque nul pendant les nuits et les journées du 20 au 23. C'est à peine si la place reçoit 8 ou 10 projectiles par heure. De son côté, celle-ci a également modéré son tir. Nos munitions diminuent; on sent le besoin de ménager surtout les obus oblongs de 12 et de 24, dont l'approvisionnement a toujours été insuffisant. Des ordres supérieurs sont donnés à cet effet. Il ne faut pas que le tir total de ces projectiles dépasse le chiffre quotidien de 500. Plus tard, à plusieurs reprises, on sera forcé de le réduire encore de plus de moitié. La question des projectiles qui, depuis que M. Denfert a le commandement supérieur, a fait, de sa part, l'objet de plusieurs inutiles démarches, est, en ce moment, l'une de ses préoccupations les plus vives. Ordre est donné d'envoyer à l'ennemi des boulets pleins de 12. Dans quelques semaines on se servira surtout du canon lisse de 16, et c'est avec des boulets pleins, à portée maxima de 1,500 mètres, qu'on répondra au tir foudroyant de l'artillerie prussienne.

Le calme relatif dont Belfort jouit pendant ces quelques jours, attire au dehors un grand nombre des habitants des caves. Le temps est froid et sec. On profite de ces conditions favorables pour visiter la ville, qui a beaucoup souffert. La grande question du moment est toujours celle de la sortie des vieillards, des femmes et des enfants, dont on espère encore la solution favorable. Pourquoi le général de Treskow ne donne-t-il point de réponse? Pourquoi les courriers qui nous apportaient assez régulièrement des nouvelles, ne passent-ils plus depuis le 13? Pourquoi enfin le feu de l'ennemi est-il tout à coup devenu si modéré? A toutes ces questions on répond par des hypothèses qui nous sont naturellement favorables : l'ennemi ne répond point à la demande des Suisses, parce que les délégués nous apporteraient des nouvelles du dehors. C'est pour la même raison qu'il ne laisse plus pénétrer de courrier. S'il tient tant à nous laisser dans l'ignorance des événements de la guerre, c'est que ces événements nous sont favorables, etc. Son tir notablement ralenti ne prouverait-il pas, sinon une levée de siége, du moins l'attente de faits prochains auxquels elle serait subordonnée? Les projectiles qu'il envoie sont presque tous de 12 rayé. N'y a-t-il pas là un heureux indice? Ne doit-on pas en conclure que les Prussiens ont enlevé ou sont prêts à enlever leurs pièces de gros calibre? L'enlèvement de ces pièces, difficiles à transporter, semblerait prouver qu'ils prennent des précautions qui leur permettraient, à un moment donné, de lever le siége plus aisément et avec plus de rapidité. On se complaît aux suppositions favorables quand on est malheureux. Celles que l'on faisait à Belfort à cette époque furent encore confirmées par les dires d'un paysan de la Haute-Saône. Cet homme avait franchi les lignes allemandes pour venir voir son fils, qui appartenait à la garnison de la place. Il racontait que les Français avaient repris Orléans et que Paris était débloqué. Ces heureuses nouvelles nous arrivaient aussi de Perouse où elles avaient été apportées par un soldat français, prisonnier échappé des mains de l'ennemi, et de différentes autres sources. On y croyait à Belfort..... A ce moment Paris faisait de vains efforts pour briser le cercle de bronze qui l'étreignait, et nos armées de l'Ouest et du Nord reculaient sans cesse malgré l'habileté des chefs et la valeur des soldats. On le verra par la suite, Belfort n'a jamais perdu l'espérance. Quand on n'espéra plus dans le triomphe des armées qui marchaient au secours de Paris, on espéra dans Paris seul, puis on plaça sa confiance dans l'armée de l'Est, et enfin dans la paix, qui trouverait la forteresse debout et aux mains de ses défenseurs.

Les incidents sont peu remarquables pendant la période que nous traversons.

Le 22, plusieurs personnes se plaignirent que des obus lancés par nos canons éclataient au-dessus de la ville. On chercha le motif de cet accident et on le trouva dans la mauvaise qualité du métal qu'employait la fonderie provisoire établie à Belfort. On interdit alors l'usage des obus faits avec de la mauvaise fonte. On en avait déjà fondu une certaine quantité. Ce fut peine perdue.

Pendant la journée du 23, le tir subit une recrudescence de 10 heures à 4 heures du soir. Une sentinelle est tuée à la porte de Brisach. Le 24 un projectile tombe dans le rez-de-chaussée de la maison Marie et pénètre dans la cave, où il blesse grièvement deux femmes.

Le fort de la Justice allume trois incendies à Phaffans. Les Prussiens, qui se croyaient en sûreté dans ce village, situé à 5 kilomètres de la place, l'évacuent avec précipitation. Dans la nuit du 24 au 25, un obus pénètre dans une maison du Fourneau et éclate dans la chambre à coucher des époux Millet. Mari et femme eurent tous deux la jambe droite broyée. Le mari avait 63 ans, la femme 57. Ils moururent des suites de leurs blessures.

L'événement de la journée du 25 est le départ d'un ballon. Il portait les lettres que les assiégés adressaient au dehors à l'occasion de la nouvelle année. Les deux premiers essais ne furent pas heureux. Le ballon tomba d'abord au Fourneau, puis non loin des Perches. On reconnut alors que la charge en était trop lourde. On la divisa et on l'assujettit à deux ballons différents. Les deux ballons partirent à quelques heures d'intervalle, emportés par un vent favorable, dans la direction de la Suisse. Nous apprîmes plus tard que l'un avait franchi la frontière et était tombé près de Saignelegier. Toutes les lettres qu'il transportait parvinrent à destination. L'autre, moins favorisé, échoua dans la forêt de Bavilliers. Il tomba entre les mains des Prussiens, qui firent une maigre capture. Des précautions avaient été prises pour que les lettres confiées aux ballons ne renfermassent absolument aucune indication.

Le 26, l'ennemi démasqua une batterie installée au Bosmont. Elle faisait feu sur les Perches. Le bombardement de Danjoutin continuait. Deux ou trois maisons y furent encore réduites en cendres.

CHAPITRE TROISIÈME.

Une nouvelle difficulté vint encore compliquer la situation déjà si pénible de la garnison de Belfort. Ce fut le manque d'argent. On n'avait pour payer la troupe que 140,000 francs en billets de banque de 1,000 francs, et il fallait 240,000 francs par mois pour la solde des officiers seulement, et 150,000 francs pour le prêt des soldats. On chercha d'abord à échanger les billets de 1,000 francs. On n'y réussit pas. On résolut alors de créer des bons obsidionaux, c'est-à-dire du papier-monnaie de siége dont la valeur serait garantie par le dépôt en lieu sûr des billets de banque que l'on possédait. On fit des coupons de 5, de 10, de 20 et de 50 francs. Le chiffre de l'émission totale des coupons équivalait à la somme des billets de banque. L'arrêté qui suit fut destiné à donner un cours légal aux bons obsidionaux :

Nous, Préfet du Haut-Rhin, agissant de concert avec M. le Colonel gouverneur de la place de Belfort;

En vertu des pouvoirs exceptionnels qui nous ont été conférés par le Gouvernement de la défense nationale et qui résultent de l'état de guerre;

Considérant que, depuis le 3 novembre 1870, époque à laquelle a commencé l'investissement de la place, les communications entre Belfort et l'extérieur ont été complétement interrompues, et qu'en conséquence, l'encaisse métallique existant dans les caisses publiques s'est peu à peu épuisé, sans pouvoir être renouvelé ;

Considérant qu'un appel a été fait pour demander aux particuliers de la monnaie d'or et d'argent, et qu'il n'y a pas lieu de recourir pour la seconde fois à ce moyen, qui ne produirait plus de résultats satisfaisants ;

Considérant que les billets de 1,000 francs de la Banque de France existant actuellement dans les caisses publiques représentent une somme importante, qu'il est difficile et parfois même impossible d'employer au payement de la solde des officiers, du prêt de la troupe et du traitement des fonctionnaires civils ;

Considérant que, dans l'intérêt des échanges, il est également nécessaire de remédier aux inconvénients qui résulteraient d'un manque presque complet de monnaie courante ; qu'il est, en conséquence, opportun d'émettre une quantité déterminée de bons tenant lieu des coupures des billets de la Banque de France, dont la nécessité a été reconnue par la loi du 12 août 1870 ;

Considérant que ces bons représenteront une valeur réelle ; qu'en effet, à la garantie de cette émission sera spécialement affectée une somme égale en billets de la Banque de France dont la description sera constatée par procès-verbal régulier, et qui seront immédiatement déposés en lieu sûr et anéantis au besoin ;

ARTICLE 1er. Il sera émis par nous, pendant la durée

de l'investissement de Belfort, des bons de siége dont la valeur d'ensemble sera ultérieurement déterminée.

Art. 2. Lors de l'émission de ces bons, une valeur égale en billets de la Banque de France, spécialement et expressément affectée à la garantie de ces bons, sera prélevée par nous dans les caisses publiques, mise en lieu sûr et anéantie au besoin.

Art. 3. Cette opération sera constatée par un procès-verbal régulier, contenant la description détaillée des billets affectés à la garantie des bons de siége.

Art. 4. Le montant des bons émis ne pourra, dans aucun cas, dépasser la valeur des billets de la Banque de France restant disponibles dans les caisses du trésor public à Belfort au moment de l'émission.

Art. 5. Chaque bon sera détaché d'un registre à souche, portera un numéro d'ordre distinct et sera revêtu de nos signatures, ainsi que de celle de M. le receveur particulier des finances.

Art. 6. La circulation des bons de siége créés par nous et substitués aux billets de la Banque de France qui leur serviront de garantie, sera soumise aux mêmes règles que celle de ces billets et entraînera, en conséquence, le cours forcé.

Belfort, 22 décembre 1870.

Le Préfet du Haut-Rhin, *Le Gouverneur de la place,*
  Grosjean.   Denfert-Rochereau.

La création de cette monnaie fiduciaire rendit de grands services. Mais la somme que représentaient les bons obsidionaux était insuffisante. On le reconnut surtout dans le courant de janvier. Les bons avaient été dépensés et l'on ne pouvait plus en créer. Il fallait à tout prix se procurer de l'argent. On vendit du tabac, on fit des emprunts à des taux très-élevés, mais on n'arriva pas à réunir la somme nécessaire. On proposa de vendre à la population des vivres que l'intendance possédait en grande quantité. Le gouverneur s'y opposa, par le motif que, ne connaissant pas la limite de sa résistance, il n'avait pas le droit de diminuer les approvisionnements, dont il pouvait avoir besoin à un moment donné. On eut aussi un instant l'idée de vendre les canons détériorés et les pièces d'ancien modèle dont on ne se servait pas. On en eût tiré quelque argent à cause de la valeur du bronze; mais ce moyen, outre qu'il était peu légal, n'était pas très-pratique. On voulut essayer d'un emprunt, mais les conditions des prêteurs qui consentaient à y souscrire, aboutissaient à un intérêt de 26 pour 100. On recula devant l'énormité de cette prétention. A la fin de janvier, on fit appel au désintéressement des officiers pour les engager à renoncer provisoirement à leur solde. Un très-petit nombre consentit. Tous manquaient de ressources. Il fut alors décidé que l'argent existant dans les caisses publiques serait exclusivement réservé à la troupe et que les officiers toucheraient leur solde dès que les circonstances le permettraient. Les officiers ne furent pas payés en janvier, mais ils recevaient leurs vivres de l'intendance et n'en souffrirent pas trop. Peu de jours avant la reddition de la place, la vente des denrées les plus abondantes permit de payer ce qui leur était dû.

27 Décembre.

A partir de ce jour, les opérations du siége entrent dans une phase nouvelle. L'ennemi a changé son plan d'attaque. Nous avons maintenant l'explication du calme des derniers jours. Les Prussiens transportaient leurs batteries du côté du sud pour attaquer par les Perches. C'est plus logique, mais ce n'est guère plus aisé. Le général de Treskow reconnaît avoir, jusqu'ici, perdu son temps. Les tranchées qui se trouvent en avant de Belle-Vue sont entièrement abandonnées. Les batteries d'Essert sont à peu près désarmées; on y aperçoit deux ou trois pièces à peine. La batterie récemment démasquée au Bosmont s'est augmentée de deux canons de 24 qui tirent sur les Perches. D'autres batteries sont aussi démasquées à Vezelois et au bois de la Brosse, près d'Andelnans. Elles font feu sur le Château et sur la Justice. Ce dernier fort avait échappé, jusqu'à ce jour, au bombardement.

Pendant la dernière nuit, un obus d'enfilade a éclaté dans un abri des Basses-Perches. Deux hommes ont été tués, un autre blessé.

Un de nos projectiles a fait éclater une poudrière prussienne. C'est un agréable feu d'artifice qu'on a vu depuis Belfort.

28 Décembre.

Encore une nouvelle batterie prussienne découverte aujourd'hui. Elle ouvre son feu tout au matin sur les Perches et sur la Miotte. Cette batterie, composée de six pièces, est située sur le flanc droit du ravin de Bavilliers. Chose singulière, elle ne tire pas sur la citadelle, qu'elle enfilerait cependant dans sa plus grande longueur. En ce moment on évalue à 70 environ le nombre des pièces prussiennes qui tirent sur les différents points occupés par la garnison de Belfort. Les Basses-Perches ont reçu aujourd'hui 750 coups de canon. Personne n'a été atteint. Deux roues d'un affût de 12 ont été brisées. Le parapet du fort a été assez endommagé. A la Miotte, il n'y a pas eu de dégât.

Un éclat a brisé la jambe d'un bœuf qui amenait des matériaux à la Justice. Les 500 ou 600 obus arrivés sur ce fort n'ont pas causé d'autre accident. Le Château est assez fortement éprouvé. De nombreux éclats arrivent en ville. L'un d'eux emporte la jambe d'une petite fille de 4 ans.

29 et 30 Décembre.

Les forts et les ouvrages avancés continuent à souffrir plus que la ville. Plusieurs maisons ont cependant été atteintes. Un de nos postes avancés a vu des Prussiens escorter des voitures pleines de cordes, de chaînes et d'échelles. Voudraient-ils tenter un assaut et escalader nos murs? C'est peu probable. Les Allemands aiment peu ce genre de guerre. Ils préfèrent bombarder de très-loin avec des pièces à longue portée. Des bruits assez singuliers circulent en ville : Mulhouse et le Haut-Rhin se seraient soulevés contre les Allemands. C'est à cet événement qu'il faudrait attribuer le départ de quelques colonnes du corps de siége qu'on a vues se diriger sur Dannemarie. Mulhouse subirait une sorte de blocus moral et serait coupé de communications avec le dehors. Cette nouvelle n'est pas invraisemblable : les ouvriers sont en grand nombre à Mulhouse; l'invasion et la guerre les privent de travail et de ressources. Il n'y aurait rien d'étonnant à ce qu'ils se révoltassent contre les procédés prussiens.

31 Décembre.

Les victimes sont nombreuses aujourd'hui dans la garnison. 22 soldats ont été atteints par le feu de l'ennemi. Les Basses-Perches ont plus souffert que les autres jours.

Le dernier jour de l'année 1870 est le cinquante-huitième jour du siége et le vingt-neuvième du bombardement. La place a reçu plus de 100,000 projectiles de tous calibres depuis le 3 novembre. Un grand nombre de maisons de la ville sont gravement détériorées; quelques-unes, dans les faubourgs surtout, ont été incendiées. Le feu de l'ennemi n'a pas fait grand mal aux fortifications. La caserne du Château est encore très-habitable malgré l'incroyable quantité d'obus qu'elle a reçue. Quant à notre artillerie, elle a jusqu'ici peu souffert. Un certain nombre d'affûts et de roues ont été brisés. Mais les dégâts de ce genre se réparent aisément. Les bouches à feu tout à fait mises hors de service sont très-peu nombreuses, 5 ou 6 au plus. Le feu de l'ennemi a fait des victimes dans la garnison et dans la population civile, mais pas autant qu'on pourrait le croire, grâce aux mesures prises par la municipalité, par l'autorité militaire et par les citoyens. J'ai déjà dit quelques mots des abris établis dans les rues et des blindages. Je mentionnerai ici une autre précaution qui fut d'une grande utilité, je veux parler des guetteurs placés dans chaque fort pour surveiller les batteries ennemies. Ces guetteurs avaient un cornet ou une trompe dont ils sonnaient chaque fois qu'ils apercevaient la flamme produite par le tir du canon. L'intervalle qui séparait l'apparition de la lumière de l'arrivée du projectile, était suffisant pour permettre aux hommes ainsi prévenus de se garer.

Les maladies étaient aussi meurtrières que le tir de l'ennemi. La petite vérole sévissait partout. Mais elle avait un caractère assez bénin. Peu de personnes en mouraient. La fièvre typhoïde éclata aussi vers la fin de décembre. Cette terrible maladie se développa rapidement et fit surtout de grands ravages dans le courant de janvier. Beaucoup de blessés succombaient. Les blessures les plus légères entraînaient souvent la mort. Un garde mobilisé avait reçu une balle d'obus au pied. Il en mourut. Nombre de personnes périrent par suite de blessures faites aux jambes ou aux bras. Enfin, pour terminer ce triste tableau, les opérations chirurgicales, quoique pratiquées par des chirurgiens aussi habiles que dévoués, n'avaient pas de succès. Peu d'amputés survécurent. Le manque de soin résultant du petit nombre de médecins et de la grande quantité de malades, l'absence de toute sécurité dans les ambulances et les hôpitaux, souvent visités par les projectiles, l'air vicié des salles qu'on avait dû blinder hermétiquement, furent autant de circonstances qui nuisaient à la guérison des malades et au succès des opérations.

A la fin de 1870, le nombre des morts atteignait, tant dans la population que dans la garnison, le chiffre moyen de 18 par jour.

L'accès du cimetière était devenu très-dangereux. Dès le commencement du bombardement, on avait décidé que les inhumations se feraient au pré Gaspard. Ce pré se trouve au bout du camp retranché, à droite de la route, au pied de la Justice. C'est là qu'un petit chariot amenait chaque soir les victimes de la journée. Les corps des riches et des officiers seuls étaient renfermés dans des cercueils. On enterrait les autres sans qu'ils fussent même enveloppés de linceul, trop heureux s'ils n'étaient pas tout à fait nus! C'était un spectacle affreux à voir. Pas de cérémonie, pas de convoi; la plupart du temps, pas de parents, pas d'amis pour accompagner les morts à leur dernière demeure. La voiture des morts, recouverte d'une toile cirée et conduite par un seul homme, traversait rapidement le camp retranché pour aller verser son funèbre chargement dans un grand trou que des corvées militaires élargissaient chaque jour. On plantait une petite croix de bois sur la tombe et tout était fini.

On n'avait pas à se préoccuper de la question des vivres. Les approvisionnements de la ville et de la garnison étaient encore fort abondants. Il paraissait certain que les vivres ne manqueraient pas. Les denrées de luxe faisaient, il est vrai, complétement défaut. Le vin le plus ordinaire se payait 2 à 3 francs le litre. Les cafés restaient ouverts; mais on n'y servait plus guère que de l'eau-de-vie et du café sans sucre. Parfois les habitués apportaient eux-mêmes leur consommation. C'étaient là de petits inconvénients.

Vers le milieu de janvier, les provisions particulières d'un certain nombre de familles furent épuisées. Le maire prit alors l'arrêté suivant, qui assurait à tous une alimentation saine, suffisante et relativement peu coûteuse :

Le Maire de la ville de Belfort, chevalier de la Légion d'honneur, a l'honneur d'informer les habitants que, sur l'avis de la commission des subsistances, il a mis à la disposition des boulangers la provision de farine de la ville au prix réduit de 53 fr. les 100 kilos, mais à condition de vendre 1 fr. 40 c. le pain de 3 kilos.

Les farines étant de première marque, puisqu'elles proviennent des maisons Page (du Valdoie) et Courvoisier (d'Héricourt), le pain devra être de première qualité.

Il a mis aussi à la disposition des bouchers le troupeau de bétail acheté par la ville. La viande de bœuf devra être vendue, suivant les habitudes ordinaires, au prix de 70 cent. le demi-kilo.

Le Maire,
Mény.

Les assiégeants ne purent pas s'emparer des villages d'Offemont et de Vétrigne. Ils les laissèrent pendant toute la durée du siége en deçà de leur ligne d'investissement. Cette circonstance permettait aux habitants de ces villages de venir assez facilement à Belfort. Ils y apportaient souvent des légumes frais, des fruits, etc. Ils y vendaient également du beurre et des œufs. La livre de beurre coûtait 3 ou 4 francs. Les œufs se payaient 2 ou 3 francs la douzaine. Les personnes aisées n'en manquaient pour ainsi dire jamais.

On le voit, sous le rapport des vivres on ne fut pas malheureux à Belfort.

1er Janvier 1871.

A minuit, une salve de douze coups de canon tirés du Château annonce le commencement de l'année nouvelle. L'ennemi la salue de la même façon; toutes ses batteries font feu à la fois.

Puisse cette année qui commence être pour la France et pour Belfort meilleure que celle qui vient de se terminer! C'est une singulière et triste chose que le jour de l'an dans une ville bombardée. Peu de personnes ont eu le douloureux privilége de la connaître. Les Belfortains d'un certain âge l'ont eu deux fois, en 1814 et en 1871. Pas de fêtes, pas de démonstrations, pas de réunions de famille, et pour vœux de bonne année, le souhait d'une honorable et prochaine délivrance de la patrie et de la cité. Ce vœu est dans la bouche de tous, on n'en entend point formuler d'autres.

Les Prussiens ont ménagé la ville aujourd'hui, comme s'ils voulaient, à l'occasion du nouvel an, laisser aux habitants la possibilité de se voir et de se visiter. Belle-Vue, les Barres et les Perches ont été fortement canonnées.

2 et 3 Janvier.

L'ennemi veut nous faire payer le répit qu'il nous a laissé hier. Le bombardement fait rage sur le Château. Les fragments des projectiles qui éclatent contre le rocher du Château sillonnent la ville et font quelques victimes. Le 2, un obus pénètre dans une maison du camp retranché et blesse six personnes, dont une femme et un petit enfant. Les grand'gardes ont entendu le canon du côté de Montbéliard. Il y a toujours des troupes françaises non loin de nous. C'est une pensée consolante. Nous sommes depuis longtemps sans nouvelles de ce qui se passe en France. Plusieurs courriers ont quitté Belfort depuis quelque temps déjà. L'un d'eux était porteur d'une dépêche chiffrée que le commandant supérieur adressait au Gouvernement pour l'informer de l'état de la place. C'était un brigadier des douanes, il s'était patriotiquement chargé de cette périlleuse mission. On lui a fait, à lui et à tous les autres, de magnifiques conditions s'ils revenaient. Aucun n'est encore de retour.

La dépêche envoyée au Gouvernement parvint, comme nous l'apprîmes plus tard, à son adresse.

Dans la nuit du 2 au 3, le tir de l'ennemi est plus vif que pendant les nuits précédentes.

Pendant la journée du 3, un de nos postes avancés entend le sifflet des locomotives du côté de Dannemarie. Il paraît certain que l'ennemi se sert du chemin de fer pour transporter ses projectiles jusqu'à ce village.

4 Janvier.

Un courrier est arrivé cette nuit. Hélas ! il n'apporte pas les nouvelles que nous espérions et qui nous donnaient tant de courage. Après nous avoir exhibé deux dépêches [1] annonçant des succès fantastiques pour nos armes, dépêches dont la fausseté résultait clairement de leur rédaction même, il nous produit des journaux qui nous apprennent la triste réalité. Rien de bien nouveau du reste. Paris, toujours bloqué, inflige à l'ennemi des pertes énormes, mais n'arrive pas à briser le double cercle qui l'étreint. Les armées de secours luttent aussi sans succès apparents. Toutefois un passage du *Journal de Genève* attire toute notre attention. Il y est question d'une armée de l'Est qui viendrait délivrer Belfort. Ce journal (30 décembre) contient aussi une dépêche relative à Belfort [2]. Elle est fausse

---

1. Les succès qu'annonçaient ces dépêches n'étaient rien moins que la mort du prince Frédéric-Charles, la prise de Versailles, la fuite du roi de Prusse, etc.

2. Voici la reproduction de cette dépêche :

« Vendredi, à Belfort, 1,260 hommes et 34 officiers prussiens tués. On les a laissés venir jusqu'au faubourg. On parle d'une trahison échouée au fort des Perches. L'assaut du fort des Barres a été tenté deux fois sans succès. »

Cette dépêche fait sans doute allusion à l'affaire du 20 décembre.

presque de tous points. Quelle confiance pouvons-nous accorder aux déclarations de ce journal! Il ne sait rien de ce qui se passe à Belfort. Qui prouve qu'il soit mieux informé des plans des généraux français?

Les nouvelles mensongères des énormes succès qu'auraient remportés les Français circulent bientôt de toutes parts. Deux nouveaux messagers viennent encore, en produisant des dépêches manuscrites, leur donner un semblant de confirmation. Chacun veut les voir et les copier. Elles sont absurdes en la forme et au fond. Le gouverneur, pour conjurer la population et la garnison contre ces faux bruits, leur adresse l'ordre suivant :

Des nouvelles fausses de succès extraordinaires remportés par les armées françaises près de Paris ont été répandues aujourd'hui en ville par deux messagers des environs venus de deux côtés différents. Un troisième porteur de dépêches dans lequel le commandant supérieur croit pouvoir avoir confiance, est venu donner de vive voix les mêmes nouvelles comme circulant dans une autre partie du pays. Cependant ces nouvelles sont certainement fausses, non-seulement dans la forme, mais même dans le fond, et aucun fait ne les a motivées.

Le commandant supérieur croit devoir mettre en garde les troupes de la garnison contre ces bruits sans fondement et destinés à produire la démoralisation parmi nous, en y faisant naître des espérances qui pourraient être démenties le lendemain. Il est à sa connaissance positive que l'ennemi ne laisse pénétrer dans le pays envahi, d'où ces bruits nous parviennent, aucun journal ni français, ni suisse, ni même allemand. Tous les bruits qui circulent doivent donc être regardés comme émanant du quartier général ennemi et être tenus pour suspects jusqu'à plus ample informé.

Le commandant supérieur croit pouvoir répondre de la certitude des moyens à sa disposition pour reconnaître le degré de fondement des nouvelles apportées par les messagers. Il fera connaître aux troupes celles de ces nouvelles de l'authenticité desquelles il sera sûr, et il prie les officiers et les troupes sous ses ordres de ne point en accueillir en quelque sens que ce soit, tant qu'elles ne leur seront pas parvenues par la voie de l'ordre. Ainsi sera déjouée cette manœuvre de l'ennemi.

Belfort, le 4 janvier 1871.

Signé : Denfert-Rochereau.

5 et 6 Janvier.

Le bombardement de la ville, assez sérieux dans la journée du 5, est fort ralenti pendant celle du 6. Les Barres et Belle-Vue reçoivent un grand nombre de projectiles que leur envoient les batteries de Bavilliers. Il en tombe 1,000 à 1,200 par jour sur ce dernier fort seulement. Les Shrapnell (obus à balles) arrivent en abondance au Château, mais sans faire de grands dégâts.

Le 6, on signale des mouvements extraordinaires de troupes prussiennes du côté de Bavilliers. On parle depuis quelques jours de grands renforts qu'attendrait le général de Treskow. On dit aussi que 150,000 Allemands viennent encore de passer le Rhin. D'autres prétendent que le Reichstag aurait refusé au roi Guillaume une nouvelle levée d'hommes.

Il neige abondamment pendant ces deux journées. Un cantinier prussien vient offrir de l'eau-de-vie à une de nos sentinelles avancées, qui le saisit et le fait prisonnier.

7 Janvier.

Les postes avancés ont remarqué que l'ennemi travaillait hier au soir au Bosmont. On a aujourd'hui l'explication de ce travail. C'est une nouvelle batterie qu'il vient d'installer sur la lisière du bois et qui a ouvert aussitôt son feu sur Danjoutin. Deux autres batteries viennent encore d'être démasquées: l'une, établie à Chèvremont, tire sur Perouse; l'autre, placée sur la route de Danjoutin à Meroux, canonne le premier de ces villages et fait feu sur les Perches. Outre ces nouvelles batteries, les anciennes, qui sont au nombre de six, savoir : une à Vezelois, deux au Bosmont, une à Andelnans, deux à Essert, continuent leur feu sans interruption.

La journée du 7 janvier fut une des plus terribles du siége. Le feu de l'ennemi, d'une violence incroyable, enveloppait dans son réseau meurtrier la ville, les faubourgs, les forts et les villages de Perouse et de Danjoutin, qu'occupaient toujours nos troupes. L'ennemi fut acharné; il bombardait avec une véritable rage. Il serait long et douloureux de mentionner tous les malheurs que nous eûmes à déplorer pendant cette funeste journée. Je parlerai des plus considérables : un obus tue un mobile sur la route de Danjoutin et en blesse quatre autres. Au faubourg, une femme a eu la jambe emportée ; sept ou huit soldats ont été tués ou blessés. Au Château, un projectile, enfilant la première voûte, a tué ou blessé six hommes; enfin au Fourneau trois hommes ont été tués et six ont été blessés par l'explosion du même projectile. Un grand nombre de maisons, l'Hôtel de ville entre autres, ont été sérieusement endommagées; quelques autres ont été incendiées. La plume se refuse à décrire tant d'horreurs.

8 Janvier.

C'est à la date de ce jour que se place l'affaire tristement célèbre de Danjoutin. Pendant la nuit du 7 au 8, les Prussiens ont réussi à cerner ce village et à enlever les 700 ou 800 hommes qui s'y trouvaient. Ce fut pour Belfort un grand malheur. Bien des commentaires ont été faits, bien des explications ont été données sur cette malheureuse journée; la vérité n'est pas connue tout entière, et, à l'heure présente, il n'est pas encore possible de désigner à coup sûr les personnes auxquelles ce malheur est imputable. N'ayant pas l'expérience nécessaire pour apprécier, je me borne à raconter. Voici le récit, scrupuleusement exact, de ce qu'on sut à Belfort, pendant la nuit et la journée du 8, sur les événements de Danjoutin et des péripéties par lesquelles on passa :

Le 8, à minuit, une dépêche de Perouse signale au gouverneur, comme un fait accompli et sans importance, une fusillade entendue dans la direction de Danjoutin. Il n'y avait là rien d'inquiétant. Les échanges de coups de fusil sont communs. S'il y avait eu quelque chose de grave à Danjoutin, les Basses-Perches, dont on vient de recevoir un télégramme insignifiant, l'auraient certainement dit. Vers 1 heure du matin, un sergent de la 8ᵉ compagnie du Haut-Rhin, cantonnée au Fourneau, vient à l'état-major, annoncer que Danjoutin est cerné et que les deux compagnies de Saône-et-Loire, placées de grand'garde à l'entrée du village, se sont repliées sur le faubourg du Fourneau. A cette nouvelle inattendue, on court au télégraphe. Le fil de Danjoutin est rompu depuis la veille. On télégraphie aux Hautes et Basses-Perches. Les commandants de ces forts, tout étonnés de la question qu'on leur fait relativement à l'attaque de Danjoutin, répondent qu'ils n'y ont rien remarqué d'extraordinaire. Cependant, on fait battre la générale. Toutes les troupes sont sous les armes. Le capitaine d'état-major Chatel, envoyé en reconnaissance, revient bientôt confirmer la première nouvelle. Danjoutin est véritablement cerné! C'est alors que le commandant supérieur envoie quatre compagnies, sous les ordres du capitaine Gaubert, pour tenter de secourir Danjoutin. Ces compagnies reviennent bientôt. Elles se sont avancées, par le Fourneau, le plus près possible du village. Mais l'ennemi, abrité derrière le talus du chemin de fer, les a reçues par un feu si violent qu'elles ont dû reculer, sous peine d'être anéanties. Plusieurs mobiles avaient été tués dans cette démonstration. Le jeune et brave capitaine du génie, Degombert, qui avait voulu prendre part à l'action, est rapporté à Belfort, mortellement blessé. Deux balles l'avaient atteint, alors que, marchant en avant du détachement, il cherchait à entraîner les autres par l'exemple de son courage. Il était bien certain que nos troupes étaient cernées à Danjoutin. Restait à savoir si elles n'étaient pas déjà enlevées, si, par conséquent, il y avait lieu d'envoyer du secours.

Il est 6 heures du matin. Les renseignements les plus contradictoires arrivent de différentes sources. Ordre est donné au bataillon qui campe à Perouse de marcher sur Danjoutin, puis, sur de nouvelles informations, cet ordre est annulé. Le bataillon de la gare a mission de se porter en avant s'il entend de la fusillade. Mais on n'entend rien ou presque rien, quelques coups de fusil isolés. La matinée s'écoule ainsi dans la plus vive anxiété. Vers midi on distingue encore quelques coups de feu. Certains officiers du Château sont convaincus qu'une partie du village est encore au pouvoir des nôtres. Deux heures après l'on voit, du Château, nos malheureux soldats de Danjoutin défiler entre deux rangées de soldats prussiens. Ils étaient prisonniers de guerre, et Danjoutin était perdu pour nous!

La garnison de Danjoutin s'est vaillamment défendue. Le commandant, se voyant attaqué, a envoyé successivement trois messagers au gouverneur de Belfort. Aucun n'est arrivé. L'ennemi a dû faire l'assaut du village presque maison par maison. Il en fut complétement maître dans le milieu de la journée du 8. On eût pu deux fois secourir les nôtres, si l'on eût été mieux informé.

L'affaire de Danjoutin coûtait à Belfort 770 hommes, dont deux chefs de bataillon. On perdait en même temps une position importante. En conservant ce village pendant 66 jours, on avait fait plus qu'on n'espérait. Tôt ou tard on devait le perdre. Il était impossible de le défendre longtemps. Le commandant supérieur savait cela, et la garnison de Danjoutin avait l'ordre de se replier, en se défendant, si elle était attaquée. Ce n'est donc pas au point de vue de la position perdue que cette affaire fut un grand malheur, mais c'est au double point de vue de la diminution si notable de l'effectif de la garnison et de la démoralisation qu'un tel événement devait forcément produire. L'affaire de Danjoutin est la plus triste page de l'histoire du siége de Belfort.

Cet événement fut aussitôt connu à Belfort. Il y produisit une émotion naturelle. Chacun l'interpréta, le commenta à sa façon. L'avis général était qu'il y avait eu de grandes fautes commises. Mais on les imputait un peu à la légère, les uns au commandant de Danjoutin, les autres aux commandants des forts voisins de ce village, d'autres au commandant supérieur, etc. On songeait peu aux compagnies de Saône-et-Loire qui, placées au passage à niveau du chemin de fer, avaient précisément pour mission d'empêcher la rupture des communications entre Belfort et Danjoutin, et qui, en se repliant sur le Fourneau, avaient permis à l'ennemi d'envelopper le village. La retraite de ces compagnies était cependant, à ce moment, de toutes les fautes qui ont pu être commises, la plus grande et la plus évidente. Pour être complet, j'ajouterai qu'ordre fut donné d'informer en conseil de guerre contre les officiers du détachement de Saône-et-Loire. Mais les témoins à charge avaient été faits prisonniers à Danjoutin. L'information ne put aboutir.

Le 8 au soir, le douanier chargé par le gouverneur d'une dépêche pour le ministre revient avec de bonnes nouvelles. Elles paraissent avoir un degré suffisant de certitude. Le consul de Bâle fait dire au préfet du Haut-Rhin que le général Faidherbe a battu les Prussiens à Bapaume, et qu'une armée de secours, commandée par le général Bourbaki, marche sur Belfort. Cette armée, de plus de 100,000 hommes, n'aurait pas seulement pour objet la levée du siége; son mouvement se rattacherait à un plan stratégique beaucoup plus vaste et plus important, d'où pourrait sortir le salut du pays. On conçoit la joie que nous causèrent ces heureuses nouvelles. C'était l'espérance qui venait de nouveau nous consoler de nos tristesses. Nous étions presque certains d'entendre prochainement sonner l'heure de la délivrance. Elles se répandirent rapidement en ville. Tout le monde fut dans la joie. On ne pensait plus à Danjoutin.

9 Janvier.

La joie qu'on ressentit hier au soir à la nouvelle de l'arrivée d'une armée de secours se change aujourd'hui en véritable allégresse. Belle-Vue, Pérouse et d'autres points signalent une canonnade lointaine. On court aux remparts; on écoute; on entend au loin le bourdonnement sourd du canon. Plus de doute, c'est Bourbaki, c'est l'armée de délivrance, c'est le salut pour nous tous. Le bruit est encore bien éloigné; qu'importe, il n'est pas imaginaire, plusieurs centaines de personnes l'ont entendu. Quelques jours encore de patience et de misère et Belfort recevra la récompense de sa vaillante défense, et la France peut-être sera sauvée[1]!

---

1. Le canon lointain qu'on entendit le 9 janvier était celui de la bataille de Villersexel. Villersexel est situé à environ 30 kilomètres à l'ouest de Belfort.

Le bombardement de Perouse continue avec violence. Plusieurs maisons sont incendiées. Celui de Belfort fait rage. Deux ou trois personnes civiles sont atteintes par des éclats d'obus. A l'ambulance de l'Hôtel de ville, un projectile pénètre dans une salle, après avoir percé la toiture et le plafond, et écrase la tête d'un pauvre malade. Un garde sédentaire, en ouvrant un volet, reçoit un éclat qui lui emporte la moitié du crâne. Un autre éclat coupe la jambe d'un enfant de 12 ans. La belle maison Lang, du faubourg de Montbéliard, est détruite par l'incendie.

Le capitaine du génie Degombert, blessé hier près de Danjoutin, est mort cette nuit. C'est une perte pour la garnison. M. Degombert connaissait admirablement la place de Belfort. Ses indications étaient précieuses au commandant supérieur, qui avait en lui la plus entière confiance. Il était actif, instruit, courageux jusqu'à la témérité.

10-12 Janvier.

Le canon français, qu'on entendait si bien pendant la journée du 9, ne se fait plus entendre pendant les trois jours qui suivent. Ce silence n'a rien d'inquiétant. Il n'est pas nécessaire, il n'est pas même possible qu'une armée se batte tous les jours.

Et puis, le vent a changé. Il souffle du nord. A supposer que l'armée de l'Est soit engagée, le bruit du canon ne nous arriverait pas. Pourtant, si les Français avaient eu le dessous! Cette supposition paraît inadmissible. L'armée de Bourbaki est forte de 100,000 hommes. On avait tellement besoin d'espérer, qu'on repoussait comme invraisemblable l'hypothèse d'une défaite. D'ailleurs, on aperçoit de grands mouvements de troupes allemandes du côté du sud et de l'est, et l'on dit que des batteries, tirant dans la direction d'Héricourt, sont établies près de Chalonvillars. Ces faits ne prouvent-ils pas que l'ennemi s'attend à une attaque de ce côté?

Le tir de l'ennemi est furieux pendant les trois journées du 10, du 11 et du 12. Les Basses-Perches reçoivent environ 2,000 bombes et obus par jour. Le Château, les autres forts et la ville en sont également criblés. On peut évaluer à 5,000 ou 6,000 le nombre de projectiles envoyés quotidiennement sur la place. L'escarpement du Château porte les marques innombrables des projectiles qui l'ont frappé, sans ébranler, le moins du monde, le rocher dont il est fait.

Deux ou trois maisons du faubourg sont encore détruites par les flammes. La ville continue à beaucoup souffrir. Les rues sont encombrées de débris

Les maisons Mény, Nizole et d'autres sont percées d'énormes trous. On a dû les étayer pour en empêcher l'écroulement. L'ennemi commence, le 12, à tirer sur l'Espérance et sur la manutention, à l'aide de canons établis à Danjoutin. Le feu des batteries d'Essert, qui avait notablement molli depuis la mi-décembre, redevient plus violent que jamais.

13 Janvier.

Il arrive au Château des projectiles d'effrayantes dimensions. Ce sont des obus oblongs dont la longueur est de 55 centimètres et le diamètre de 22. Leur poids est de 78 kilos. L'effet de ce projectile est foudroyant. Il n'est pour ainsi dire pas d'abri sûr contre ses atteintes. A Belfort, il a percé des voûtes de 2 à 3 mètres d'épaisseur. Les soldats de la garnison le désignent sous le nom de *mouton*, de *veau*, d'*enfant de troupe*. Le Château reçoit aussi quelques bombes. La caserne, qui jusqu'à présent n'avait pas été sérieusement endommagée, a été très-éprouvée depuis hier. Les voûtes du deuxième étage sont fendillées. On fait descendre tout le monde au premier.

Vers 3 heures de l'après-midi, les forts signalent de nouveau le bruit du canon lointain. C'est pour nous la plus agréable des nouvelles. A la tombée de la nuit, un courrier vient trouver le commandant supérieur. Il est porteur d'une dépêche chiffrée envoyée par un sous-préfet du voisinage. Cette dépêche est importante et précieuse. Le courageux jeune homme qui l'apporte, l'a cachée dans la semelle de ses souliers pour traverser les lignes prussiennes. Voici quel en était le sens : « Victoire à Villersexel le 9. L'armée de l'Est continue sa marche. » Le colonel Denfert fait aussitôt part de cette heureuse nouvelle au préfet et au maire, pour qu'ils lui donnent la plus grande publicité. Belfort est dans une joie générale. On peut désormais compter les heures qui nous séparent de celle de la délivrance.

Chose singulière et qui augmente l'espérance de chacun, le feu de l'ennemi s'est subitement ralenti sur tous les points de la place.

14 Janvier.

Le bombardement est presque nul jusqu'à 3 heures de l'après-midi. A ce moment, la pièce qui envoie les obus de 78 kilos, et qu'une bombe du Château avait fait taire depuis la veille, recommence son tir. L'ennemi ouvre aussi son feu sur les Perches. Il devient certain qu'il a installé à

Danjoutin deux batteries au moins, dont l'une de mortiers.

Perouse continue à souffrir beaucoup du tir ennemi, qui met encore le feu à plusieurs maisons.

15 Janvier.

Ce fut une journée pleine d'émotions, d'inquiétudes et de bonheur que la journée du 15 janvier. Nous entendions à nos portes, sous nos murs mêmes, le canon de l'armée de secours, et sa voix formidable devait, nous l'espérions du moins, marquer les dernières heures de ce long et pénible siége. Ce bruit croissait et se rapprochait sans cesse; l'armée française s'avançait victorieuse. Quelques heures encore et elle pénétrerait dans nos murs, et nous verrions les Français, nos frères, nos libérateurs. Pour comprendre de pareilles émotions, il faut les avoir éprouvées; il faut, comme nous, avoir subi 42 jours d'un bombardement sans trêve; il faut avoir souffert pendant 10 longues semaines toutes les privations qu'on appelle les horreurs d'un siége et dont la plus terrible est peut-être la séparation de tout ce que l'on aime. Mais j'oublie mon rôle qui est de raconter, je m'empresse d'y rentrer.

Le 15, dès le matin, les commandants de Belle-

Vue, des Barres et de la Forge signalent au loin une violente canonnade. D'autres points la signalent encore. Vers 10 heures, il n'y a plus à en douter, nous l'entendons nous-mêmes et distinctement. Un combat se livre non loin de Belfort. C'est un combat terrible; le bruit du canon augmente sans cesse de force et d'intensité, et au bruit du canon se mêle le cri strident des mitrailleuses; à midi, c'est un fracas effroyable, un roulement continu, assez semblable au bruit du tonnerre. A 1 heure, il se rapproche de nous. On l'entend partout, dans les appartements, dans les caves, dans les casemates. Ce n'est plus un combat, c'est une grande bataille, une lutte gigantesque, dans laquelle des centaines de canons vomissent le fer et la mort, et cette bataille se livre entre Belfort et Montbéliard, à quelques kilomètres de nous. Elle occupe un espace immense de terrain. On distingue le canon au nord-ouest, à l'ouest et au sud, et l'on entend parfois des feux nourris de mousqueterie. L'aile gauche de l'armée française paraît s'étendre au delà de Frahier; le centre est au nord d'Héricourt, et son aile droite descend au sud de cette localité. A 2 heures, la gauche semble fléchir, mais le centre et la droite se rapprochent. Serait-ce l'indice d'un mouvement que les Français tenteraient pour arriver par le sud?

La bataille continue sans interruption jusqu'à nuit close. A 4 heures, le bruit est plus rapproché et l'action toujours aussi vive, et pourtant l'ennemi continue à tirer sur la ville. Son imprudence lui coûtera peut-être ses pièces de siége qu'il n'aurait plus, d'ailleurs, le temps d'enlever. Le bruit se rapproche encore vers 5 heures. Peut-être serons-nous délivrés ce soir? Peut-être verrons-nous dans quelques instants un officier français qui viendra au nom du général Bourbaki nous annoncer la fin de nos misères?

Le colonel Denfert envoie à toutes les batteries de la place un ordre ainsi conçu : « Tirez à blanc jusqu'à la nuit, en signe d'allégresse, 5 coups par pièce. L'armée française s'avance. »

A 6 heures, la bataille dure encore; mais le canon se tait; on n'entend plus que des feux de tirailleurs. Cette fusillade cesse bientôt. A 7 heures, tout est rentré dans le silence. Nous ne serons pas délivrés aujourd'hui, mais nous le serons demain. Sans connaître exactement le résultat de la bataille, nous pouvons affirmer qu'il n'est pas mauvais pour nous. Mais que de sang elle a dû coûter? Le bruit du canon s'est rapproché; les nôtres n'ont pas reculé. La journée n'est pas décisive, mais elle ne peut être mauvaise. Demain nous entendrons encore une nouvelle bataille.

Il eût été désirable que la garnison de Belfort pût, en faisant une sérieuse démonstration dans la direction d'Héricourt, tendre la main à l'armée française. Mais ni la composition, ni la force de cette garnison ne permettaient une pareille entreprise. Le commandant supérieur fit simplement faire une reconnaissance par une compagnie d'un bataillon du 65e.

Le tir de l'ennemi fait quelques victimes. Le capitaine d'artillerie de la Laurencie est blessé à la jambe. Il a été violemment contusionné par un morceau de bois qu'un obus avait fait voler en éclats. Sa blessure ne paraît pas très-grave, mais la place sera pendant longtemps privée des services de ce brave officier.

16 Janvier.

La naissance du jour marque le commencement d'une nouvelle et gigantesque bataille. La canonnade est violente dès le début. Rien de grandiose, rien de majestueux, mais aussi rien de terrible comme cette formidable musique! La lutte dure, comme hier, pendant toute la journée. A 3 heures, l'action est plus vive que jamais, plus vive encore qu'hier. Les coups de canon se succèdent sans interruption; répercutés encore par les échos, ils produisent un bruit singulier, une sorte de mugissement, quelque chose d'indescriptible. A 4 heures, les coups se distinguent les uns des autres. On entend très-bien les coups de fusil. La Miotte signale des batteries françaises qu'elle aperçoit au mont Vaudois. L'action s'est sensiblement rapprochée. Depuis hier, elle a subi un mouvement sur notre gauche, c'est-à-dire vers le sud. C'est dans cette direction que la lutte est surtout terrible. Le commandant supérieur ordonne au commandant Chabaud de faire une démonstration sur Essert avec son bataillon, augmenté encore de trois compagnies du 16e. Ce détachement s'avance sur les batteries ennemies après s'être déployé en tirailleurs. Il fait feu sur les artilleurs prussiens, qu'il décime. Mais il doit bientôt se replier devant des forces considérables qui sortent d'Essert. Cette reconnaissance nous coûte 26 hommes, dont 8 tués, parmi lesquels un officier.

La journée du 16 s'écoule comme celle du 15, sans qu'on puisse en apprécier le résultat, c'est encore une journée sanglante où l'on compte bien des victimes, mais dont le succès ne s'affirme probablement ni pour l'ennemi, ni pour nous. Les assiégeants ont continué leur tir sur la ville. On n'a pas remarqué qu'ils aient enlevé de leurs canons. Des renseignements que nous reçûmes plus tard nous apprirent que, dans la journée du 16, les artilleurs prussiens se tenaient, sac au dos, à leurs pièces, prêts à les enclouer. La bataille du 16 était une véritable victoire dont on n'a pas tiré profit.

17 Janvier.

La nuit a été très-agitée. Les forts signalent beaucoup d'escarmouches entre les détachements des deux armées. On entend à plusieurs reprises de vives fusillades mêlées de coups de canon.

La journée commence et s'écoule comme les précédentes. Même émotion, même anxiété, un peu moins d'espérance. Il semble qu'au lieu de se rapprocher, le bruit de cette effrayante bataille, qui dure depuis trois jours, s'éloigne de nous. Le temps est humide. A midi, la pluie tombe mélangée de neige. C'est un mauvais temps qui augmentera encore les difficultés qu'a à vaincre l'armée de secours. Dans l'après-midi, il devient affreux. La neige tombe avec une incroyable abondance. La terre en est bientôt couverte d'une couche épaisse qui doit rendre bien difficiles les manœuvres de nos troupes. La canonnade s'éloigne encore; elle est peu intense. Parfois elle se tait complétement. On commence à avoir quelque inquiétude à Belfort. Mais on la combat. Des bruits rassurants circulent de toutes parts. Les Français auraient enlevé un parc d'artillerie prussienne à Chalonvillars et fait de nombreux prisonniers. Une douloureuse expérience nous a appris depuis longtemps quel crédit il fallait accorder à de pareilles rumeurs. La journée s'écoule; l'anxiété augmente. Belfort ne sera pas encore délivré aujourd'hui. Le sera-t-il demain? Beaucoup l'espèrent encore! Le feu des assiégeants continue à dévaster la ville et les forts. Les Perches, la Justice, le Château reçoivent énormément de bombes et d'obus.

18 Janvier.

La journée d'hier s'est terminée sans que nous ayons reçu aucune nouvelle des armées qui sont dans nos environs. Le soir, la canonnade était presque nulle. L'opinion générale est qu'il n'y a eu aucun engagement sérieux. Le déblocus de la place est loin d'être accompli.

On n'a rien signalé pendant la nuit dernière, si ce n'est un violent incendie dans la direction de Bourogne. Ce matin, quelques coups de canon et des feux de tirailleurs nous prouvent que l'armée française est toujours dans notre voisinage. On espère encore qu'une grande et décisive victoire fera lâcher pied à nos tenaces ennemis. Pourtant on est inquiet, et comment ne pas l'être ? Après trois journées de terribles combats, pas un Français n'a pu s'approcher de Belfort, pas un messager n'est venu nous donner de rassurantes nouvelles, et aujourd'hui notre délivrance paraît plus incertaine que dimanche dernier.

Aujourd'hui l'on entend à peine au loin quelques coups de canon. Cependant, le vent est favorable. Il n'y a pas d'engagement sérieux. On remarque du haut des remparts quelques mouvements de troupes allemandes, aux alentours d'Essert et d'Argiésan. L'ennemi tire sur la place autant que jamais. A 9 heures du soir éclate tout à coup une fusillade assez vive du côté de Belle-Vue. On voit distinctement les coups de feu près de Bavilliers. Les uns, trop prompts à l'illusion, croient que c'est un engagement d'une grand'garde de Bourbaki avec les troupes allemandes, d'autres croient à une attaque de l'assiégeant. Ces coups de feu étaient simplement tirés par les éclaireurs de Belle-Vue sur des Prussiens qui conduisaient une voiture de rails pour blinder leurs batteries.

19 Janvier.

On n'entend plus résonner le canon que nous appelions déjà canon de délivrance. Notre armée de l'Est, cette armée, notre dernière espérance, qui devait être la libératrice de Belfort et de la France, aurait-elle été vaincue ? Se serait-elle définitivement retirée ? Cette idée nous accable. Chacun la repousse de toutes ses forces. N'a-t-on pas entendu le canon hier au soir encore ? N'a-t-on pas vu dans la direction du sud, près de Beaucourt ou d'Étupes, des incendies allumés par les armées ? N'a-t-on pas cette nuit distingué des feux de tirailleurs ? Il y a donc encore des Français non loin de nous. Nous pouvons conserver quelque espoir. Nous sommes cependant dans une cruelle anxiété. Un courrier qui arrive de Mulhouse vient augmenter nos peines. Vainqueurs le 15, dit-il, les Français auraient été complétement battus le 16. Et pourtant jamais le bruit du canon ne fut aussi rapproché de nous que dans la journée du 16. Les journaux que nous recevons ne nous apprennent que de mauvaises nouvelles, l'évacuation du Mans et le bombardement de Paris. Il faut que le besoin d'espérer soit bien grand, pour que nous puissions espérer encore.

20 Janvier.

Il n'est plus permis de compter sur un prochain secours. Rien ne révèle plus dans notre voisinage la présence d'une armée française. Pas un coup de canon, pas un coup de fusil depuis l'avant-dernière nuit, si ce ne sont les coups de canon de Treskow qui continuent à ébranler l'atmosphère et à accumuler les ruines.

L'armée française s'est évidemment éloignée. Mais est-ce le signe certain d'une défaite? Non. Ce mouvement de retraite peut être le résultat d'un plan stratégique. Bourbaki, ne pouvant avancer directement sur la place, recule peut-être pour la contourner et se jeter dans les Vosges. Belfort serait ainsi débloqué par le fait même de l'occupation des frontières de l'Est. Il nous reste cette espérance.

La journée du 20 est signalée par un affreux malheur. Un projectile ennemi perce la voûte d'une poudrière du Château, fait éclater l'ouvrage et détermine l'explosion des munitions qu'il contenait en certaine quantité. 19 soldats, artilleurs de la mobile du Haut-Rhin, sont atteints par des éclats d'obus ou des fragments de pierres, presque tous mortellement. Plusieurs sont ensevelis sous les décombres. Le lieutenant d'artillerie Simothel, témoin de la catastrophe, se précipite pour leur porter secours. Un deuxième projectile arrive aussitôt, et le courageux jeune homme tombe, victime de son dévouement, la cuisse emportée par un éclat.

On releva les blessés qu'on transporta de suite à l'hôpital; six moururent en chemin. On fit déblayer les décombres de la poudrière. C'était un mélange de pierres, de lambeaux de vêtements, de fragments de projectiles, de débris humains, un tableau dont le souvenir seul fait horreur.

Le jeune Simothel était le fils d'un avocat distingué de Colmar. Il s'était engagé pour la durée de la guerre. Il avait été promu le 17 janvier au grade de lieutenant en second. Le 22, il mourut des suites de son affreuse blessure. Il n'avait que 25 ans.

Presqu'en même temps que Simothel succombaient à la fièvre typhoïde deux autres jeunes gens, ses amis, ses compatriotes, comme lui engagés volontaires, le maréchal des logis Meister, de Colmar, et le jeune docteur Stouff, de Dannemarie. Tous deux s'étaient distingués par leur zèle et par leur courage. L'auteur de ce modeste récit était depuis longtemps lié d'une sincère amitié avec ces trois jeunes gens. Qu'il lui soit permis de rendre ici, à la mémoire de ses amis, un public et douloureux hommage. Ils sont morts victimes du devoir accompli.

21 Janvier.

Le village de Perouse était particulièrement maltraité depuis quelques jours. Les obus prussiens l'avaient presque entièrement réduit en cendres. Hier au soir l'ennemi le bombardait avec un acharnement que le chef de bataillon Chapelot, commandant de Perouse, considéra comme le précurseur d'une attaque. Par précaution cet officier fit demander à Belfort la batterie de campagne et l'installa, le 20 au soir, près des carrières qui se trouvent en avant des Hautes-Perches. Cette opération était à peine terminée que des masses ennemies considérables se précipitaient sur les bois voisins du village qui étaient occupés par nos troupes. Le commandant Chapelot ne s'était pas trompé. Il était attaqué de toutes parts. Les mobiles du 2e bataillon du 57e, chargés de défendre les bois, furent rapidement obligés de les abandonner. Après s'être emparé des bois, l'ennemi voulut faire l'assaut du village défendu par quelques compagnies du 84e qui s'y étaient retranchées solidement. Il se jeta sur les tranchées, mais il fut reçu par un feu de peloton si violent qu'il recula aussitôt. Il revint à la charge, même résultat. Dix fois il tenta l'assaut, dix fois une décharge nourrie de mousqueterie l'obligea de se retirer en laissant sur le terrain nombre de morts et de blessés. On pouvait de Belfort compter les tentatives d'assaut que faisaient les Prussiens; chacune était marquée par un feu de peloton et les cris désespérés des blessés. Le capitaine Perrin du 84ᵉ gagna dans cette nuit ses galons de chef de bataillon.

Pendant ce temps-là, la batterie de campagne commandée par le lieutenant Robin ne cessait pas de mitrailler les assaillants déjà décimés par le 84ᵉ. L'affaire durait depuis longtemps et les troupes ennemies augmentaient toujours malgré les pertes qu'elles subissaient et l'insuccès de leurs efforts. On eût pu leur tenir tête encore longtemps. Mais le commandant supérieur, jugeant qu'il était impossible de conserver Perouse, puisqu'on avait perdu les bois voisins, donna l'ordre de l'évacuer. Les Prussiens n'y entrèrent que quelques heures après l'évacuation.

Cette affaire fut peut-être pour l'ennemi le plus meurtrier de tous les engagements qu'il eut à soutenir autour de la place. D'après des renseignements probables, l'attaque de Perouse aurait été faite par 5,000 Allemands. 900 Français défendaient le village et le bois.

Nos pertes furent en tout de 150 hommes. Celles des Prussiens ne sont pas connues. En annonçant la conquête de Perouse au roi de Prusse, le général de Treskow terminait sa dépêche par ces paroles significatives : « Nos pertes ne sont pas insensibles. »

L'abandon du village de Perouse était pour

Belfort un nouveau malheur, mais un malheur inévitable. Le bombardement de l'ennemi aurait fini par en empêcher l'occupation. Nous l'avons conservé pendant 78 jours.

L'ennemi bombarde la ville avec fureur. Un obus de grosse dimension pénètre dans une casemate du Château à travers un épais blindage, tue trois hommes et en blesse grièvement plusieurs autres. Un autre projectile éclate sous la porte de Brisach, blesse quelques mobiles et un officier de place. Un troisième vient tuer ou blesser dans une maison du Fourneau sept soldats du 84e. Tous les jours on enregistre de nouvelles catastrophes. On ne compte plus les victimes isolées. Elles sont plus nombreuses que jamais. Les maisons du Fourneau ont beaucoup souffert. On peut évaluer à 7,000 ou 8,000 le nombre de projectiles tombés aujourd'hui sur les différents points de la place. Les Perches et la Justice en reçoivent quotidiennement près de 2,000 chacune.

22-25 Janvier.

Les Prussiens redoublent de rage. Leur tir dénote une véritable exaspération. Les obus à balles font pleuvoir sur la ville une grêle de plomb. Cette recrudescence donne lieu à plusieurs hypothèses. Pour les uns elle témoignerait du dépit que les Prussiens auraient éprouvé à la suite des pertes qu'ils ont faites à Perouse; pour les autres elle résulterait de l'éventualité d'une paix prochaine et de la nécessité où serait Treskow de prendre la place avant la conclusion de cette paix; pour d'autres encore c'est le succès qu'aurait eu l'ennemi dans les journées du 15, du 16, du 17 qui lui permettrait de mettre plus de monde autour de la place; pour d'autres enfin, cette recrudescence serait simplement la conséquence des opérations d'un siège qui se prolonge sans succès et qui nécessite tous les jours une attaque de plus en plus énergique.

Le 23 on signale quatre batteries nouvelles, chacune de quatre pièces de gros calibres, installées entre Danjoutin et Bavilliers; deux ou trois autres batteries ouvrent également leur feu. La place est sillonnée de projectiles dans tous les sens. Toutes les rues sont enfilées. Il n'est pas, sur toute la surface comprise dans le périmètre de la ville et des forts, un seul mètre carré où l'on soit à l'abri.

Le 24, un garde mobilisé, M. Marie, qui s'était courageusement offert au préfet pour porter une dépêche à Besançon, revient avec de précieuses nouvelles. Ces nouvelles malheureusement remontent au 18.

Nous apprenons que Bourbaki s'est emparé le 15 des villages voisins de Montbéliard, que le 16 il a pris cette ville sans enlever toutefois le château, et qu'il a dû ensuite revenir sur ses pas pour aller détruire le corps du général prussien Zastrow qui arrivait de l'armée de l'Ouest au secours de Werder. Il résulte de tout cela que Bourbaki s'est réellement replié. On peut croire encore qu'il reviendra.

Le 25, des journaux arrivent au hameau de la Forge, sans qu'on ait su qui les envoyait. Ces journaux sont l'*Industriel alsacien* et le *Courrier du Bas-Rhin*. Les nouvelles qu'ils contiennent sont désespérantes. Les Français ont été battus partout, Faidherbe est aux environs de Lille, Chanzy en Bretagne et Bourbaki a dû, après trois jours de lutte, battre en retraite et regagner ses premières positions. Ces journaux, ce sont les Prussiens qui nous les font parvenir. Ils savent que la démoralisation est une arme puissante et ils s'en servent contre nous. Nous essayons bien de nous démontrer à nous-mêmes que toutes les dépêches sont d'origine prussienne; quelques-uns vont jusqu'à rappeler le siége de Mayence, pendant lequel les assiégés reçurent des journaux remplis de nouvelles désastreuses et mensongères et imprimés exprès pour eux. Mais personne n'est convaincu. On commence à désespérer. Les maladies font de cruels ravages, la fièvre typhoïde tue dix ou douze personnes par jour. Le capitaine Douzé, du 45e, attaché à l'état-major du gouverneur, succombe à cette terrible maladie. Les Prussiens souffrent aussi beaucoup. L'on dit que Belfort est pour eux un épouvantail. Ils s'en approchent avec effroi et en pleurant. Ils font autour de la place des pertes énormes. Ils appelleraient Belfort *Todtenfabrik,* fabrique de morts, et comme le colonel Denfert y gouverne, ils le désigneraient aussi sous le nom de *Teufelsgrub,* caverne du diable.

26 Janvier.

Deux batteries viennent encore d'ouvrir leur feu sur la place. L'une, établie sur le versant méridional du Mont, tire sur Belle-Vue; l'autre, composée de mortiers, envoie des bombes sur la Justice.

Quelques sentinelles de Belle-Vue auraient entendu le canon lointain. Tous les jours, on croit l'entendre. Le bruit court que les Français seraient à Thann, qu'ils y auraient même remporté une victoire importante. C'est absurde.

A 8 heures du soir l'ennemi, que son succès de Danjoutin avait rendu audacieux, attaqua les Hautes et Basses-Perches. Il voulut enlever ces forts par un coup de main hardi. Voici comment il s'y prit : Une compagnie d'infanterie et quelques pionniers parvinrent, en se masquant derrière un pli de terrain, à s'approcher assez des Basses-Perches pour pénétrer dans les fossés de l'ouvrage. Ils se mirent aussitôt en devoir d'en miner l'escarpe, qu'ils avaient l'intention de faire sauter. Pendant ce temps deux bataillons allemands engageaient une vive fusillade avec la garnison des forts. Leur but était d'attirer toute l'attention sur eux pour laisser aux compagnies qui se trouvaient dans les fossés le temps de faire une brèche à l'aide de la mine. Ils se proposaient de monter ensuite à l'assaut par cette brèche.

Cette opération hardie avait été, paraît-il, combinée par le major qui avait si bien enlevé Danjoutin; mais il avait compté sans le roc et sans la profondeur du fossé. Une fois que les Allemands y furent descendus, ils n'eurent plus qu'un but, celui d'en sortir. Ce n'était pas chose aisée. Ils furent aperçus du commandant du fort et sommés de se rendre. Ils firent mine de résister, mais ils étaient pris dans un véritable traquenard. Un soldat du 84e sauta dans le fossé et saisit au collet un officier qu'il ramena prisonnier. Quelques autres imitèrent cet exemple. Tous les Prussiens se rendirent. Des mesures avaient été prises pour empêcher toute tentative d'évasion. On en prit ainsi 230 environ, dont 7 officiers.

Pendant que ces choses se passaient, les bataillons destinés à faire l'assaut étaient décimés par l'infanterie des deux Perches et l'artillerie de la place. Ils essayèrent d'avancer, mais en vain. Voyant le peu de succès qu'avait eu l'entreprise, ils finirent par se débander et faire retraite en désordre. Une vingtaine de soldats prussiens, en se sauvant par le Fourneau, tombèrent entre les mains du capitaine Mayer, qui se trouvait là avec une compagnie du Haut-Rhin. On fit en tout, dans cette affaire, 259 prisonniers, dont 230 non blessés. Parmi les officiers se trouvaient un capitaine d'infanterie et deux officiers du génie.

L'artillerie de la place, en tirant à mitraille dans les rangs des bataillons prussiens qui se trouvaient au delà des Perches, a dû leur faire subir de grandes pertes. L'affaire des Perches était pour Belfort un succès d'autant plus beau qu'il nous coûtait très-peu de monde, 15 ou 20 hommes au plus. Malheureusement dans le nombre des morts se trouvait le brave capitaine du génie Journet.

Les assiégeants avaient préparé l'attaque des Perches par un bombardement sans pareil. Pendant l'affaire ils firent un feu tel que la circulation était littéralement impossible en ville. Deux officiers de place ont été blessés successivement en traversant un espace découvert de quelques mètres à peine [1]. Un lieutenant prussien fait prisonnier aux Perches eut une partie de la main emportée en arrivant à Belfort. « Je connais maintenant, dit-il, l'effet de nos obus. » Plût à Dieu qu'il l'eût connu seul ! D'autres prisonniers furent encore blessés dès leur arrivée. Les malheureux! en voyant l'effet de leur artillerie, ils étaient, à juste titre, effrayés du séjour qu'ils allaient faire dans la place et paraissaient épouvantés eux-mêmes des moyens qu'ils employaient pour vaincre. Une particularité à noter : presque tous ces gens-là sentaient l'eau-de-vie, quelques-uns étaient réellement ivres. Cette remarque, qu'on avait déjà faite précédemment, nous donna la certitude qu'on les surexcitait par la boisson, avant de les envoyer au combat. Ces prisonniers furent pour Belfort un grand embarras. On ne savait comment les mettre à l'abri. Une centaine furent logés dans les casemates du fort des Barres. On enferma les autres dans la prison. On les traita le mieux qu'on put. Leur alimentation était exactement celle de nos troupes.

---

1. L'espace découvert dont il s'agit ici, est la coupure de l'ouvrage 22, près de la porte de Brisach.

27 et 28 Janvier.

Le beau succès remporté, le 26, aux Basses-Perches, fait renaître la confiance. On évalue à 1,000 ou 1,200 hommes les pertes qu'ont subies les assaillants dans cette affaire. Belfort est fier de sa défense. Elle peut être longue encore, car les fortifications restent partout inaccessibles et le commandant supérieur est bien décidé à repousser quelques assauts avant de rendre la place. J'ajoute, à l'honneur de la population et de la garnison de Belfort, que cet avis est presque celui de tous.

Dans la journée du 27, le bombardement des Basses-Perches cesse tout à coup; un officier prussien s'approche de ce fort. Il est précédé du drapeau blanc. C'est un parlementaire qui vient demander un armistice pour que les Prussiens puissent relever leurs morts. Un certain nombre de cadavres gisent encore sur le glacis et aux abords du fort. On les aperçoit de loin. Leur silhouette noire tranche distinctement sur la terre toute blanche de neige. Le feu que les Prussiens continuaient à faire n'avait pas encore permis de ramasser leurs morts. La demande du parlementaire est transmise au commandant supérieur. Celui-ci n'aime pas les relations parlementaires;

il sait que l'ennemi en abuse pour se renseigner et agir ensuite à coup sûr, et l'expérience lui a appris, lors de l'armistice conclu pour la remise du corps du commandant Lanoire, que les Allemands ne se gênaient pas pour employer impunément le temps d'une suspension d'armes à travailler aux tranchées et à faire passer leurs convois de vivres et de munitions à portée de nos canons muets. Il ne consent pas à suspendre les hostilités, mais il fait prévenir le général de Treskow que nos soldats donneraient la sépulture à ses morts, s'il voulait arrêter seulement son tir sur les Perches. A partir de ce moment, les négociations continuèrent entre le commandant des Basses-Perches et le parlementaire prussien. Le fort cessa son feu et les Prussiens suspendirent le leur sur toute l'étendue de la place. La ville, si éprouvée depuis quelque temps, put ainsi jouir de deux heures de calme parfait. Comme ce calme ne résultait pas d'une convention passée entre les deux commandants de la défense et du siége, mais simplement de la seule volonté de Treskow, on n'en fut pas prévenu à Belfort. Peu de personnes en profitèrent. Il était 4 heures du soir. On procéda à l'enterrement des nombreux cadavres qui gisaient aux abords du fort. C'était un affreux spectacle. Les corps étaient durcis par le froid. Quelques-uns avaient les bras étendus, les jambes écartées. On dut leur briser les membres pour les introduire dans la fosse. Avant d'accomplir cette funèbre opération, quelques malheureux mobiles s'étaient approprié la chaussure et les manteaux des morts. Ces vêtements indispensables manquaient à Belfort.

A 6 heures, un obus tombait en ville. Tous les morts prussiens avaient été enterrés. Soixante des leurs reposaient dans le glacis des Perches.

Les journées du 27 et du 28 furent cruelles pour la ville. L'église reçut cinq projectiles en une heure. Les caves de ce monument étaient, comme celles de l'Hôtel de ville, remplies de pauvres gens que le bombardement avait chassés de leurs maisons. De nombreuses familles vivaient dans ces lieux humides et malsains. Il serait difficile de voir un tableau plus douloureux que celui des caves des monuments publics pendant le bombardement. Les pauvres y étaient littéralement entassés; quelques-uns avaient des fourneaux et des lits; le plus grand nombre reposait sur de la paille et se servait du feu des autres pour préparer ses aliments. Il y avait naturellement beaucoup de malades. La petite vérole y sévissait en permanence et l'on avait de la peine à transporter aux hôpitaux, déjà trop pleins, les malades au fur et à mesure qu'ils étaient frappés. Il arrivait parfois qu'une femme accouchait à côté d'un malheureux qui se mourait, et la couchette du nouveauné prenait bientôt la place du grabat du moribond. Qu'on ajoute à cela la terreur que causait à ces infortunés la grêle de projectiles qui tombait surtout sur l'église et sur l'Hôtel de ville, et l'on aura une idée des souffrances qu'ils endurèrent.

On reçut, le 28, à Belfort, une gazette allemande (*Neue preussische Zeitung*). Elle nous apprend que Garibaldi résistait énergiquement, que les Prussiens avaient occupé Dôle et que deux corps allemands venaient renforcer l'armée de Werder. Le colonel Denfert, dont la confiance dans les destinées du pays et de Belfort ne s'ébranlait jamais, en conclut que Bourbaki s'était replié pour aller à la rencontre des armées prussiennes qui arrivaient au secours de Werder et qu'une grande bataille avait dû se livrer aux environs de Besançon et de Dôle.... C'est vers cette époque que l'armée de Bourbaki, cernée de toutes parts à Pontarlier, se jetait presque tout entière en Suisse!

29 et 30 Janvier.

Les bombes arrivent pour la première fois sur la ville de Belfort. Elles y font de grands dégâts.

Il n'est pas rare qu'une bombe, tombant sur le toit d'une maison, traverse deux ou trois étages pour venir éclater au rez-de-chaussée. Les obus et les Shrapnell se succèdent aussi sans interruption. La belle maison Grosborne a énormément souffert depuis quelques jours. Les endroits les plus dangereux sont les environs de l'église et de l'Arsenal.

Les prisonniers prussiens font eux-mêmes les corvées pour se procurer des vivres. Quelques soldats les accompagnent. On les voit dans les rues pour la première fois. Ils ne paraissent pas trop abattus. Ils sont las de la guerre. Ils sont, pour la plupart, pères de famille, et les conquêtes de la Prusse leur importent beaucoup moins que leurs femmes et leurs enfants. Ils parlent sans cesse de leurs familles, de leurs biens, de leur village et presque jamais de leurs victoires. Ils savent bien que ces victoires, si chèrement achetées par eux, ne leur rapporteront aucun profit, et leur unique désir est de voir terminer avec la guerre la série de leurs triomphes.

Le 30 on aperçoit, en avant des deux Perches, l'ébauche de travaux d'approche. C'est une première parallèle, très-longue, que les assiégeants ouvrent, à 700 ou 800 mètres de ces ouvrages. Ils sont fatigués des attaques de vive force. Celle du 26 leur coûte trop cher. Au lieu de prendre les Perches par surprise, ils préfèrent en faire le siége régulier. C'est à cette opération qu'à partir de ce jour ils vont concentrer tous leurs efforts. Leur but actuel est d'attaquer le Château du côté du sud. Pour cela il est indispensable qu'ils s'emparent des Hautes et Basses-Perches.

31 Janvier.

Pendant la nuit, un obus de 78 kilos tombe sur la prison qui sert d'asile aux prisonniers prussiens. Vingt de ces malheureux sont atteints par les éclats. Quatre sont tués sur le coup ; les autres ont des blessures affreuses. La salle où le projectile a fait explosion est horrible à voir. On y trouve des pierres, des décombres arrosés de sang, des bras, des jambes, des membres épars. Ainsi, le feu des Allemands tue à Belfort les Allemands eux-mêmes! Et quel remède apporter à un pareil état de choses? La plupart des maisons sont inhabitables; les abris sont insuffisants pour la garnison; la population n'est pas mieux protégée contre le tir ennemi que les prisonniers, et Treskow a refusé de laisser sortir les vieillards, les femmes et les enfants. On a logé au fort des Barres une centaine de soldats prussiens. En loger davantage, y mettre notamment les officiers, ce serait, à un moment donné, compromettre la défense de cet ouvrage. Quelques personnes voudraient qu'on avertît Treskow de ce qui se passe. Mais cette mesure pourrait avoir pour résultat de faire épargner les lieux habités par les prisonniers au détriment des autres quartiers de la ville. Après tout, ce n'est pas Belfort qui fait la situation, ce sont les Allemands. Qu'ils emploient des moyens moins barbares pour s'emparer de la place, qu'ils évitent au moins de tirer sur les hôpitaux, sur les églises, sur les prisons, et l'on n'aura pas de pareils malheurs à déplorer. Pour le moment, la seule précaution à prendre est de faire évacuer les étages supérieurs de la prison et de loger tous ceux qui l'habitent dans les salles et les corridors du premier et du rez-de-chaussée.

Le bombardement est terrible pendant la journée du 31. Un obus du plus gros calibre vient abîmer le *Café Parisien*. Les bombes pleuvent sur le faubourg du Fourneau, qui ne sera bientôt plus qu'un monceau de ruines. L'une d'elles tue dans sa demeure une pauvre femme, mère de quatre petits enfants.

1er Février.

Quatre-vingt-neuf jours de siége, dont cinquante-neuf de bombardement, sont actuellement écoulés.

Les ruines, les décombres qui remplissent la ville, la diminution notable de la garnison et même de la population civile, témoignent du mérite de la résistance de Belfort. La place peut tenir encore, et tous ses défenseurs sont disposés à souffrir aussi longtemps qu'il le faudra les horreurs d'un bombardement rendu chaque jour plus violent et plus meurtrier... Quelle sera la fin de nos misères? On l'ignore, mais on n'est pas encore tout à fait sans espoir. Bourbaki est venu bien près de Belfort. Nous avons entendu pendant trois jours le bruit d'une effroyable bataille dont le succès nous eût sauvés. Depuis lors, des renseignements certains nous sont parvenus. Bourbaki a dû se retirer devant la force des retranchements de l'ennemi et de sa formidable artillerie. Mais les dépêches allemandes elles-mêmes ne disent point que son armée ait été défaite, ni même entamée. L'armée de l'Est existe donc. Elle lutte encore et nous avons le droit d'espérer que de nouveaux et plus heureux efforts seront, dans un avenir prochain, la cause de notre délivrance. Cette hypothèse, la plus favorable de toutes, est aussi le plus généralement admise.

Quelques personnes ont une foi moins robuste dans l'avenir de la France et de Belfort. Elles croient que la capitulation de Paris, de Paris qu'aucune de nos armées ne peut plus secourir, entraînera forcément la paix et avec elle la levée du siége de Belfort. On parle depuis deux jours de cette capitulation. On dit aujourd'hui, à Vétrigne, qu'elle a été signée le 29 janvier, et l'on exhibe, à l'appui de ce dire, certaines dépêches manuscrites d'une origine plus que suspecte. Cette désastreuse nouvelle serait-elle vraie? On ne peut le croire. Paris a des vivres jusqu'à la fin de février. Paris ne capitulerait pas sans tenter un suprême effort. Et puis, si ce fait était authentique, le général de Treskow ne l'aurait-il pas fait connaître officiellement pour obtenir plus aisément, d'une garnison démoralisée, la reddition de la place?

Belfort sera secouru ou tiendra jusqu'à la paix. C'est la seule alternative qu'on admette. Les remparts sont encore si solides, les vivres si abondants, la garnison si résolue, la population si résignée, que personne ne peut croire à la chute de la place.

La journée du 1er février ressemble aux précédentes. Toujours même furie de la part de l'ennemi, toujours mêmes désastres. La maison Jacquemey et la maison Saglio sont particulièrement maltraitées.

L'ennemi a installé, au pied du Salbert, quelques pièces de campagne qui font feu sur le hameau de la Forge, occupé par un bataillon de mobiles. Ces pièces, qu'il avait déjà placées là dans le même but, il y a quelques jours, produisent peu d'effet. Elles cessent bientôt leur tir. Le soir, on entend une vive fusillade du côté des Perches. Serait-ce une nouvelle tentative d'assaut? On court aux informations. Une cinquantaine de Prussiens se sont approchés trop près du fort, et ils ont essuyé quelques décharges de mousqueterie auxquelles ils ont répondu. Ils se sont ensuite retirés, en laissant quatre des leurs sur le terrain.

2 et 3 Février.

Les travaux que fait l'ennemi en avant des Hautes et Basses-Perches s'avancent avec une effrayante rapidité. La tête des cheminements est à 150 ou 200 mètres de ces ouvrages. Il faut s'attendre, d'ici à très-peu de jours, à l'attaque de ces forts. On cherche à contrarier ces travaux. Mais l'artillerie du fort est presque entièrement démontée, et le bombardement est tel qu'il est presque impossible de se servir des quelques pièces qui peuvent tirer encore.

Le bombardement de la ville et de tous les forts se continue avec une extrême violence. On peut évaluer à 8,000 ou 10,000 le nombre des projectiles qui tombent quotidiennement sur Belfort et ses dépendances. Les Hautes et Basses-Perches en reçoivent 2,500 à 3,000 par jour; la Justice, 1,000 à 1,200; la Miotte, 300 à 400. Par contre, les forts des Barres et de Belle-Vue sont beaucoup moins éprouvés que dans les premiers temps du bombardement. 100 projectiles, dont la plupart des bombes, arrivent à peine chaque jour sur chacun de ces forts. L'ennemi a donc radicalement changé son premier plan d'attaque. Il ne songe plus à prendre Belle-Vue.

Pour nous, la diminution notable de nos approvisionnements de projectiles ne nous permet pas de dépasser le chiffre de 1,000 à 1,200 coups de canon par jour, et encore n'envoie-t-on guère plus de 200 ou 300 obus oblongs. On tire principalement à boulets pleins avec le canon de 16 lisse. On fait aussi usage de mortiers de 15, de 22 et de 27 centimètres. Il vaudrait mieux que l'on pût se servir des mortiers de 32 centimètres, qui produiraient plus d'effet et qui sont nombreux dans la place. Mais les bombes de 32, que l'on possède du reste en assez grand nombre, sont très-anciennes. Elles datent encore du dix-septième siècle. La fonte en est mauvaise. Elles éclatent dans le mortier ou de suite après en être sorties. On fit l'impossible pour en tirer parti. Il fallut y renoncer.

On annonce que quelques-unes de nos grand'-gardes fraternisent avec les grand'gardes prussiennes, qu'un armistice tacite a été consenti entre les deux chefs de poste. Des ordres sont donnés pour que pareil fait ne se renouvelle plus.

Une bombe éclate aux Hautes-Perches sur une voiture qui venait d'y amener des munitions. Quatre chevaux sont tués sur le coup. Les conducteurs ne sont pas même atteints. Un obus blesse, sous la première voûte du Château, sept ou huit gardes mobilisés, dont plusieurs mortellement.

Chose bizarre, dans la nuit du 2 au 3, le feu si violent de l'ennemi sur les Perches s'éteint tout à coup. Frappé de ce calme inaccoutumé, le commandant fait avancer quelques hommes vers les tranchées ennemies. Elles sont désertes. On cherche en vain l'explication de ce fait singulier, mais on n'eut pas à s'en réjouir longtemps. Quelques heures après, l'ennemi foudroyait les Perches avec rage et travaillait sans relâche à ses travaux d'approche.

La journée du 3 est plus dure encore que celle du 2. L'ennemi vient de démasquer, à Perouse, une nouvelle batterie pointée sur la Justice, qui reçoit ainsi les feux croisés de trois points différents.

On fait encore un prisonnier à Belle-Vue. C'est un Polonais. La guerre le désespère. Il nous dit que Bourbaki avait été complétement battu, et que, Paris ayant capitulé, un armistice de 20 jours avait été conclu. Cet homme nous parut fou. Comment admettre un armistice d'où Belfort aurait été exclu!.... Il avait pourtant dit vrai, comme nous l'apprîmes bientôt. A ce moment, l'armée de Bourbaki était en Suisse, la capitulation de Paris était un fait accompli, et l'on n'entendait plus en France d'autre canon que le canon de Belfort.

4 et 5 Février.

C'est une journée grave que celle du 4 février. On apprend à Belfort des nouvelles qui, si elles sont confirmées, peuvent décider du sort de la place, rendre inutile toute continuation de résistance, et superflue, dans l'avenir, toute effusion de sang.

Quelques dames de Belfort ont voulu, pour échapper au bombardement qui devenait de jour en jour plus furieux, essayer de quitter la place. Pour franchir les lignes d'investissement, il leur fallait l'autorisation de l'autorité militaire allemande qu'elles allèrent demander à un officier supérieur. Plusieurs journaux étaient étalés sur la table de cet officier. Elles eurent le temps d'y jeter les yeux et d'apprendre ainsi la confirmation de tous les bruits sinistres, qui circulaient à Belfort, relativement à la capitulation de Paris, à l'armistice qui en était la conséquence, à la défaite de Bourbaki. Elles virent aussi que l'armistice s'étendait à toutes les armées, sauf à l'armée de l'Est et à Belfort. Comme on leur refusait l'autorisation de franchir les lignes prussiennes, elles revinrent à Belfort, où elles communiquèrent au préfet les renseignements qu'elles avaient lus sur l'état actuel des choses. L'authenticité de ces renseignements n'était pas douteuse. Le préfet du Haut-Rhin vint aussitôt trouver le commandant supérieur et lui fit part de ce qu'il avait appris. Grand fut l'étonnement du colonel Denfert, grande aussi sa douleur. Plus que tout autre, il espérait dans l'avenir de la France et dans le succès définitif de Bourbaki, auquel il rattachait le salut du pays. Son premier mouvement fut un mouvement d'incrédulité. « Les dames sont peu au courant des événements militaires, elles ont peut-être mal compris ou mal lu. » Pourtant il fallut bien se rendre à l'évidence et envisager froidement la triste réalité. Le fait était vrai; la France était définitivement vaincue, et ses héroïques efforts n'avaient abouti qu'à rendre sa défaite plus terrible et plus irréparable.

Mais alors, comment expliquer la continuation de l'horrible siége que nous subissions depuis si longtemps? Comment comprendre que Belfort restait exclu de l'armistice malgré l'anéantissement de l'armée de l'Est? L'état-major prussien avait failli aux devoirs supérieurs de l'humanité en continuant un siége que la situation de la France ne rendait plus nécessaire; il était surtout coupable d'avoir laissé Belfort dans l'ignorance d'événements qui pouvaient, qui devaient amener de part et d'autre une suspension d'armes. Il voulait à tout prix s'emparer de la forteresse, et pour se donner cette satisfaction, il versait chaque jour, et sans profit, des torrents de sang.

Après mûre réflexion, le commandant supérieur prit le parti d'envoyer un officier à Bâle pour y recueillir des informations sur la situation de la France et pour demander des instructions précises au gouvernement français. Pour cela il fallait un sauf-conduit du général commandant le corps de siége. Il écrivit à Treskow pour le lui demander.

La réponse du général de Treskow ne se fit point attendre. Elle arriva dans la nuit suivante en même temps que le sauf-conduit demandé.

L'empressement que l'état-major prussien avait mis à accéder à la demande du colonel Denfert, était une dernière preuve de nos désastres. Quelques heures après, le capitaine d'état-major Chatel quittait Belfort. Les Prussiens avaient mis une voiture à sa disposition pour qu'il pût se rendre à Bâle sans délai.

Le bombardement est surtout atroce pendant la journée du 5 février. Quatre prisonniers de guerre furent encore blessés dans la prison de la ville. Les autres, exaspérés, étaient sur le point de se révolter. On fut obligé d'employer la force et la menace pour les maintenir. Le lendemain, les officiers allemands internés à Belfort prirent le parti d'écrire au colonel Denfert pour le prier, soit de leur donner un abri plus sûr, soit de les renvoyer au général de Treskow. «Le maréchal Bazaine, disaient-ils, avait à Metz un grand nombre de prisonniers allemands. Comme il ne pouvait les nourrir, il les rendit au prince Frédéric-Charles. Ici, il ne s'agit pas de nourriture, mais d'un point tout aussi important, de la sécurité de notre existence. Si vous ne pouvez nous donner cette sécurité, soyez assez bon pour nous renvoyer à notre général.» Le colonel Denfert comprenait tout ce qu'avait d'horrible la situation de ces malheureux. Mais, cette situation n'était-elle pas celle de tous les habitants de Belfort, celle notamment de 1,500 vieillards, femmes et enfants, à la sortie desquels les Allemands n'avaient pas voulu consentir? Il répondit cependant aux officiers prussiens qu'il était disposé à rendre tous ceux des prisonniers qu'il ne pourrait mettre en sûreté, si de son côté le général de Treskow autorisait la sortie des personnes inoffensives qu'avait demandée la délégation suisse. Les officiers, après quelques hésitations, écrivirent en ce sens au général de Treskow. Leur lettre fut portée par un de nos parlementaires. Le général prussien fit à ses officiers la réponse que voici :

Je regrette de ne pouvoir consentir à votre demande. Vous étiez libres de vous laisser faire prisonniers de guerre ou non. Vous avez choisi le premier parti. Supportez-en les conséquences.

Signé : DE TRESKOW.

Voilà comment étaient traités les plus braves des officiers de l'armée assiégeante, ceux qui avaient tenté le plus audacieux coup de main qu'on eût essayé pendant la durée du siége et qui ne s'étaient rendus qu'à cause de l'impossibilité où ils étaient de faire autrement.

La réponse de leur chef leur fit craindre d'être plus tard accusés de lâcheté. Ils demandèrent au commandant supérieur un certificat attestant qu'ils avaient fait leur devoir dans l'affaire du 26 janvier, ce qui leur fut accordé sans difficulté. Ces choses se passaient le 8 février. Revenons à la journée du 5.

Le bombardement des Perches avait rendu depuis quelques jours fort difficile l'occupation de ces deux ouvrages. D'un autre côté, les travaux d'approche étaient tellement avancés que les Prussiens pouvaient, en s'y tenant cachés, fusiller presqu'à coup sûr tout homme qui, dans le fort, sortait de son abri. L'artillerie des Perches était à peu près hors de service. Le gouverneur prit alors le parti de les évacuer peu à peu, parti d'autant plus sage, que la fin des hostilités était imminente et que l'on pouvait, même après les avoir perdues, tenir la place longtemps encore. En conséquence, il fit enlever des deux Perches toutes les pièces d'artillerie qui n'étaient pas complétement détériorées et donna aux commandants l'ordre d'en sortir avec la garnison, en y laissant toutefois trois compagnies. Ces opérations devaient s'exécuter à la faveur de la nuit. De ces trois compagnies, deux restaient aux Hautes-Perches, la troisième gardait les Basses-Perches. Ce faible détachement avait pour mission d'occuper les forts tant qu'ils ne seraient pas attaqués et de se replier sur Belfort en se défendant dès le moment de l'attaque.

Il faut encore noter, dans la journée du 5, l'incendie du théâtre. Ce ne fut un grand malheur ni pour Belfort, ni pour les arts.

6 et 7 Février.

La grande préoccupation du moment est la mission du capitaine Chatel. On attend son retour avec une impatience fébrile, car la réponse qu'il apportera décidera du sort de la ville. On parle beaucoup de l'armistice, on s'indigne, on se désole d'en être exclu. Belfort n'a pourtant pas démérité de la patrie. Nous résistons, et nous ne comprenons pas la raison de notre résistance. L'anéantissement de nos armées rend la Prusse maîtresse des destinées de notre pauvre France. Elle dictera les conditions de paix que bon lui semblera. Que peut lui importer la défense ou la conquête de Belfort? Si ses armes ne lui donnent pas notre forteresse, le traité de paix la lui attribuera en même temps que l'Alsace. Peut-être ne pense-t-on plus à nous, peut-être notre pays est-il livré aux dissensions civiles, l'action du Gouvernement paralysée! Toutes ces pensées sont désolantes, et nous n'en avons pas d'autres. Cependant nous tiendrons jusqu'au bout, jusqu'au bout nous ferons notre devoir. Ni le gouverneur, ni la garnison, ni la population ne consentiraient à une capitulation que l'état de la place est encore loin de nécessiter.

La nuit du 5 au 6 avait été terrible pour le Fourneau, qui n'est plus guère maintenant qu'un amas de décombres. La journée fut terrible pour la ville. On dit qu'une bombe a éclaté dans une chambre où plusieurs personnes étaient à table, et en a blessé 6 ou 7. Une jeune fille de 18 ans a eu la tête emportée; un petit enfant a disparu sous les décombres. Quel crime dè commettre de telles horreurs, si elles ne servent à rien! Une autre catastrophe à déplorer : M. Choulette, jeune ingénieur des mines, officier du génie, a été grièvement blessé sur la place du Manége. On l'amputa immédiatement. Mais il eut le sort de la plupart des blessés, il mourut peu de temps après. M. Choulette avait à peu près 25 ans. Il était sorti l'un des premiers de l'École polytechnique.

Le bombardement se ralentit un peu pendant la journée du 7. Les Perches, quoique pourvues d'une bien faible garnison, sont encore en notre possession. On signale de nouvelles batteries que l'ennemi construit non loin de ces forts.

8 Février.

Le capitaine du génie Krafft, envoyé aujourd'hui en parlementaire pour porter la lettre que les officiers prussiens prisonniers à Belfort écrivaient à leur général, revient porteur de la réponse dont j'ai parlé plus haut. Le général de Treskow refuse de rendre la liberté à ses officiers et à ses soldats, en repoussant la condition que le colonel Denfert mettait à leur mise en liberté : la sortie des vieillards, des femmes et des enfants. Pourtant, le bombardement sans trêve qu'il inflige à la place, fait chaque jour d'inutiles victimes dans cette classe de la population. Le capitaine Krafft a été bien reçu à Roppe par les Allemands. Des officiers lui ont même donné un certain nombre de journaux remplis de détails sur la triste situation de notre pays. Ces journaux confirment la nouvelle de nos désastres et nous apprennent que Belfort, les départements de la Côte-d'Or, du Jura et du Doubs n'avaient pas été compris dans l'armistice du 28 janvier, parce que la ligne de démarcation entre le territoire occupé par les Allemands et le territoire occupé par les Français n'avait pu être déterminée dans ces départements, Bourbaki étant, le jour même de la conclusion de l'armistice, engagé contre Manteuffel. Mais depuis ce jour, les choses avaient changé. L'armée de l'Est n'était plus. Pourquoi le bénéfice de la suspension d'armes ne s'était-il pas étendu aux départements qui en avaient été exclus et à Belfort? Nous apprîmes dans la suite que cette singulière situation tenait aux exigences de la Prusse, qui voulait, non un armistice devant Belfort, mais la reddition de la place.

Les nouvelles que le colonel Denfert venait de recevoir, non moins que les instances des autorités civiles et militaires, le décidèrent à tenter d'obtenir du général Treskow ce que le gouvernement français n'avait pas obtenu de l'état-major général prussien, un armistice. Il écrivit au général de Treskow pour lui demander, au nom de l'humanité, de suspendre les hostilités jusqu'au retour du capitaine Chatel. Cet officier, qu'il avait envoyé à Bâle pour s'informer sur l'état des choses en France, pourrait apporter du gouvernement français des instructions qui feraient regretter comme inutile tout le sang versé jusque-là. On espérait que Treskow ne résisterait pas à ces considérations supérieures; on l'espérait d'autant plus, qu'à l'heure même où le colonel Denfert lui écrivait, l'ennemi venait de s'emparer des Perches et avait désormais une excellente position qui, à supposer que la lutte continuât, lui permettrait de devenir dans un assez court délai maître du Château et de la ville.

On se souvient que les Perches avaient été évacuées le 5 février et qu'elles n'étaient plus, depuis ce jour, gardées que par trois compagnies d'infanterie. Cette poignée d'hommes les conserva trois jours. A la fin du troisième, l'ennemi, les croyant peut-être occupées, les attaqua; mais nos trois compagnies se replièrent aussitôt, conformément aux ordres qui leur avaient été donnés. Les Prussiens échangèrent quelques coups de fusil et entrèrent aux Perches sans résistance. C'est ce fait d'armes qui donna lieu à la dépêche officielle qu'on lut dans tous les journaux allemands et dont voici à peu près le sens : « Nous avons pris les Perches d'assaut. Il a fallu pour cela employer la mine. »

Cette fameuse prise des Perches nous coûta 8 ou 10 hommes qui furent mis hors de combat. Les feux de la place rendirent, pendant les premiers temps, l'occupation de ces forts très-meurtrière et très-difficile pour l'ennemi.

9 Février.

Dans la nuit du 8 au 9, le capitaine Krafft rapporta la réponse du général de Treskow. Cette réponse fut un refus motivé sur les raisons suivantes :

« Pour arriver à remplir la mission dont il a été chargé, le général Treskow doit se guider exclusivement d'après des considérations militaires; il ne peut pas mettre en jeu la question d'humanité. Il a l'ordre de prendre Belfort le plus tôt possible. Accorder un armistice, ce serait perdre le bénéfice de sa prise de possession des Perches et éloigner encore le but vers lequel il doit tendre. »

Ainsi, les raisons qui, dans l'opinion de l'état-major de Belfort, devaient faciliter la conclusion d'un armistice, servaient de prétexte au refus de l'accorder. Tout le sang qu'on allait verser retomberait sur l'auteur d'un semblable refus. Les Allemands désiraient prendre Belfort au plus tôt. Ils n'avaient qu'à se hâter. Dix ou quinze jours nous séparaient encore de la conclusion de la paix, et nous étions en mesure de résister beaucoup plus longtemps.

En même temps que cette réponse, l'officier français envoyé en parlementaire rapportait quelques listes électorales des villages voisins. Les élus étaient : le colonel Denfert, le préfet Grosjean, MM. Tachard, Keller, Tillot, Hartmann, etc., tous ou presque tous sincèrement attachés à la cause républicaine. L'Assemblée nationale devait se réunir le 12 à Bordeaux. Deux de ces députés étaient à Belfort : MM. Denfert et Grosjean. Le colonel Denfert ne pouvait songer à partir pour Bordeaux, mais rien n'empêchait M. Grosjean de s'y rendre. Le commandant supérieur, se fondant sur le texte même de la convention du 28 janvier, fit demander au général assiégeant un sauf-conduit pour le député Grosjean. Le sauf-conduit arriva le lendemain, accompagné d'une lettre assez dure de Treskow, dans laquelle celui-ci prétendait qu'il n'avait point à tenir compte de la convention du 28 janvier, puisque Belfort était précisément exclu de l'armistice que cette convention avait eu pour but de conclure, mais que toutefois il voulait bien consentir au départ de M. le préfet du Haut-Rhin. Le préfet partit donc, chargé spécialement de représenter Belfort et d'obtenir pour cette pauvre ville une délivrance prochaine et honorable.

10 Février.

Le capitaine Chatel a quitté Belfort le 5 février, pour se rendre à Bâle. Il n'est pas encore revenu. Que signifie ce retard? On en parle, on s'en inquiète beaucoup. Chaque minute coûte des ruines et du sang. Le bombardement est foudroyant depuis quelques jours. Il augmente sans cesse de violence. La ville est presque inhabitable. Le Château est horriblement mutilé. Les batteries de Perouse et une nouvelle batterie de 8 pièces, placée en avant des Perches, lui ont surtout fait beaucoup de mal. La caserne est fort endommagée; les pièces du cavalier, qui avaient si bien résisté jusqu'ici, sont presque toutes démontées. Les voûtes ont aussi beaucoup souffert. Un petit pont, qui relie l'enceinte intermédiaire du Château à l'enceinte intérieure, est entièrement détruit. On est obligé d'établir une passerelle en bois qu'il faut renouveler chaque jour, et ce travail coûte chaque fois la vie à deux ou trois hommes. Cette dangereuse opération est dirigée par le lieutenant du génie Vürgel, qui ne fait pas là sa première preuve de courage. Une bombe tombe sur la prison et vient éclater dans la chambre occupée par les officiers prussiens, heureusement vide à ce moment. L'un d'eux demande au commandant supérieur une audience, qui lui est facilement accordée. Il en sort satisfait et résigné. Il a compris, le malheureux, que nous n'étions pour rien dans la situation qui lui était faite, et que nous ne pouvions y remédier ; il a compris la position exceptionnelle de Belfort, qu'on laisse continuer seul une lutte sanglante et probablement inutile, et il a donné lui-même son opinion sur la nature d'un pareil fait qu'il a qualifié de criminel.

11 et 12 Février.

La nuit du 10 au 11 est un peu plus calme. La garnison du Château engage avec les Prussiens qui sont aux Perches une fusillade perpétuelle. 600 mètres à peine séparent les combattants. Le tir de l'ennemi, déjà si violent, menace de le devenir davantage encore. Trois nouvelles batteries sont installées aux Perches, prêtes à faire feu. D'un autre côté, on aperçoit un travail de tranchée qui relie ces forts à Danjoutin. Ceci prouve que les Allemands veulent tenter un grand effort. Il leur faut Belfort à tout prix. Si le capitaine Chatel ne revient pas, notre situation, de mauvaise, deviendra pire. On attend chaque jour le retour de cet officier, qui pourrait être pour Belfort un véritable Messie. S'il n'avait été qu'à Bâle, il serait déjà revenu; son absence prolongée prouve qu'il aura poussé jusqu'à Bordeaux. La situation si étrange de Belfort, qui reste seul à lutter quand la France entière est en repos, rendra bien difficile la défense de la place. La démoralisation commence à s'emparer des troupes et de la population, et la convention du 28 janvier sert plus le général de Treskow que ses troupes et ses canons. Les désertions deviennent fréquentes. Depuis le commencement du mois, 80 hommes environ ont déserté. Ils sont presque tous Alsaciens.

13 Février.

La nuit est mauvaise. Un projectile ennemi met le feu à la maison des sœurs noires. Un violent incendie se déclare aussitôt. On est dans une grande anxiété. La maison des sœurs touche presque à l'Arsenal, et l'Arsenal contient encore des munitions et de la poudre. Le développement de l'incendie pourrait occasionner une terrible catastrophe. On organise les secours; des troupes arrivent de toutes parts, et, malgré le danger, les hommes, stimulés par l'exemple du maire et de leurs chefs, parviennent à sauver l'Arsenal. C'est tout ce qu'on pouvait espérer. La maison des sœurs est entièrement détruite. Une chose à noter: l'ennemi ne concentre pas son tir sur le foyer de l'incendie, comme il le faisait d'habitude. La tour de la Miotte est fortement ébréchée par un obus prussien. Tout un pan de mur en est détaché.

Dans l'après-midi, le tir de l'ennemi devient moins vif. Il se ralentit encore vers 4 heures; à 5 heures, il est nul. Un parlementaire prussien arrive à la porte du Vallon, porteur d'une dépêche si importante qu'il ne peut la remettre qu'à un officier spécialement délégué par le commandant supérieur et contre un reçu signé de celui-ci. Ces formalités accomplies, la lettre suivante parvient au gouverneur de la place :

Bourogne, 13 février 1871.

HONORABLE COMMANDANT,

Suivant votre désir du 4 de ce mois, j'ai consenti au voyage que le capitaine Chatel ferait à Bâle pour s'informer sur l'état des choses en France.

Je n'ai pu donner suite à votre demande d'armistice

du 8 jusqu'au retour de cet officier, sans perdre le bénéfice de ma prise de possession des Perches; mais j'ai ralenti mon feu dans l'attente du prochain retour du capitaine Chatel. Ce retour, autant qu'il est en ma connaissance, n'a pas encore été effectué. Attendre plus longtemps serait négliger la mission qui m'a été confiée. Je vais donc recommencer mon attaque de la façon la plus énergique.

Je sais que les nouveaux moyens dont je dispose coûteront énormément de sang et la vie à beaucoup de personnes civiles. C'est pourquoi je considère comme un devoir, avant de recommencer mon attaque, de vous prier de nouveau de vouloir bien peser si le moment où vous pourrez me rendre la place avec honneur n'est pas actuellement venu.

Je me suis établi sur les Perches, et je possède maintenant les moyens nécessaires pour détruire le Château. Il n'y a plus à compter aujourd'hui sur une levée de siége. Non-seulement suivant mon opinion, mais aussi suivant l'opinion d'autorités françaises, comme selon le jugement qui a été porté, le 10 mars 1869, par une commission réunie à cet effet, sous la direction du général Frossard [1], le Château ne pourra pas

---

1. Une observation curieuse à faire, c'est que M. Denfert, commandant du génie à Belfort en 1869, faisait lui-même partie de la commission dont parle le général de Treskow. Les renseignements que possédait le général prussien provenaient sans doute des documents trouvés à Strasbourg à la direction du génie.

tenir longtemps contre les batteries installées sur les Perches, et, pour me servir de l'expression même de la commission, la prise du Château terminera toute résistance. Il m'a été tracé un chemin que je suis forcé de suivre. Belfort ne sera plus à sauver pour la France. C'est de vous seul qu'il dépend maintenant d'épargner, par la conclusion d'une capitulation honorable, une plus grande effusion de sang. Je serais tout disposé, en raison de votre héroïque défense, à vous faire des conditions très-favorables.

Je suis obligé de vous laisser, à vous seul, le soin de juger s'il convient de rendre la place; mais ce sera aussi sur vous seul que retombera la responsabilité, dans le cas où vous me contraindrez de réduire Belfort en un monceau de ruines et d'ensevelir les habitants sous les débris de leurs maisons.

Je n'attends pas de réponse précise, mais j'attendrai douze heures avant de recommencer mes attaques renforcées. Si d'ici là je ne reçois pas de vous une proposition acceptable, je ne reculerai pas devant les mesures les plus extrêmes, certain que, pour accomplir ma mission, un seul chemin m'est tracé.

Signé : DE TRESKOW.

Tel était l'important message qu'envoyait le commandant du corps de siége. On s'attendait à une communication du gouvernement français ou à une proposition d'armistice. Qu'on juge de l'effet que produisirent les effrayantes menaces du général de Treskow! Elles causèrent plus d'indignation que d'effroi. Personne ne se laissa prendre à cette menaçante sommation. On savait que les assiégeants n'avaient usé jusqu'à ce jour d'aucune espèce de ménagements, qu'ils avaient fait ce qu'ils avaient pu faire, et l'on considérait la lettre qui précède comme un moyen de guerre, un procédé d'intimidation. Cette lettre ne disait-elle pas que le général de Treskow avait ralenti son feu depuis le départ du capitaine Chatel? Or, c'était manifestement faux. Le bombardement n'avait jamais été plus violent que depuis cette époque.

On savait que l'ennemi avait de nouvelles pièces, prêtes à tirer. Mais, quelques canons de plus ou de moins sur 200 pièces environ qui faisaient feu sur la place, ne changeraient pas énormément la situation de celle-ci. Le colonel Denfert n'hésita pas un instant sur le parti qu'il avait à prendre. Il avait résolu de laisser sans réponse la barbare sommation qu'il venait de recevoir et d'attendre courageusement les événements, lorsqu'on vint lui annoncer un nouveau messager de Treskow, qui devait changer la face des choses. Le premier parlementaire prussien avait à peine terminé sa mission, qu'un deuxième apportait une seconde dépêche au commandant supérieur. Cette dépêche était écrite au crayon bleu dans les deux langues;

elle arrivait de Versailles. Treskow l'envoyait telle que l'avait transcrite l'employé du télégraphe allemand. Voici quel était son contenu :

> Bourogne. — De Versailles, 11 heures du matin.
>
> *Au général de Treskow, commandant les troupes devant Belfort.*
>
> Le commandant de Belfort est autorisé, vu les circonstances, à la reddition de la place. La garnison sortira avec les honneurs de la guerre, et emportera les archives de place; elle ralliera le poste français le plus voisin.
>
> *Pour le Ministre des affaires étrangères,*
> Ernest Picard.
> Bismarck.

Quelque triste qu'il fût de rendre la place à l'ennemi, le télégramme précédent fut favorablement accueilli à Belfort. La place tombait, il est vrai, mais elle tombait avec la France, qui l'entraînait dans sa chute. L'ennemi ne l'avait pas prise et elle n'avait point capitulé.

Ce télégramme, si grande que fût son authenticité apparente, n'avait pas force de loi pour le colonel Denfert. Avant de prendre un parti il voulait encore consulter son gouvernement et lui demander des instructions formelles. Ce désir parut d'abord exorbitant au plénipotentiaire du général de Treskow, qui attendait une réponse à la porte du Vallon.

Le représentant du commandant de Belfort eut beaucoup de peine à obtenir le délai nécessaire pour prendre directement, par voie télégraphique, les ordres du gouvernement français. Enfin, après de longues discussions, on adopta d'un commun accord les mesures contenues dans la convention qui suit :

Article 1er. Le général-lieutenant de Treskow enverra une dépêche télégraphique à Versailles, pour faire connaître à M. de Bismarck que le colonel Denfert demande un avis direct de son gouvernement sur la reddition de la place.

Art. 2. Le colonel Denfert enverra à Bâle un officier chargé d'y attendre l'avis télégraphique du gouvernement français.

Art. 3. Jusqu'au retour de cet officier, il y aura entre l'assiégeant et l'assiégé une suspension d'armes commençant le 13 à 11 heures du soir. Néanmoins cette suspension d'armes pourra à un moment quelconque être dénoncée douze heures avant l'époque projetée pour la reprise des hostilités.

Art. 4. Pendant cette suspension d'armes, les deux parties resteront dans leurs positions actuelles. Les limites ainsi tracées ne pourront être franchies et il ne pourra pas davantage y avoir de communications, de la part de personnes civiles, entre la forteresse et l'extérieur.

Art. 5. Le colonel Denfert s'engage à faire connaître dans le plus bref délai au général-lieutenant de Treskow la résolution qu'il aura prise après réception des avis du gouvernement français.

Fait en double en langue allemande et en langue française à Belfort le 13 février 1871.

Signé : Krafft, *Signé :* de Schultzendorf,
Capitaine du génie.   Capitaine d'état-major du siége.

Ordre fut donné à tous les forts de cesser le feu. On n'entendit plus le canon à Belfort.

CHAPITRE IV.

BELFORT PENDANT L'ARMISTICE.

(13 février — 18 février 1871.)

14 Février.

Le capitaine du génie Krafft est parti pour Bâle pendant la nuit, en exécution de la convention signée hier. Son retour marquera, selon toutes probabilités, la fin du siége et en même temps la reddition de la place aux Allemands. Belfort n'a pas à se réjouir de cette solution. On en est d'autant plus triste qu'on a peu d'espoir de voir la ville rester française.

Le feu a cessé de part et d'autre. On jouit aujourd'hui d'un calme parfait. Cela paraît étrange. Le silence qui succède tout à coup au bruit presque incessant du canon produit un effet singulier. On revit d'une nouvelle existence.

L'armistice a été rapidement connu. Les rues ont été pleines de monde pendant toute la nuit. Ce matin, la population tout entière circule dans cette pauvre ville, pleine de deuil et de ruines. C'est un triste et curieux spectacle. Bien des gens qui n'avaient pas vu le soleil, qui n'avaient pas respiré le grand air depuis 73 jours, passent aujourd'hui la journée dans les rues.

On voit très-bien les Prussiens aux Perches. Ils observent d'un œil avide cette ville qui leur sera bientôt donnée et qu'ils n'ont pourtant pas prise. Quelques-uns s'approchent même fort près des murailles du Château et s'entretiennent amicalement avec nos soldats que la volonté des monarques a fait leurs ennemis.

15 et 16 Février.

MM. Krafft et Chatel reviennent de Bâle, où ce dernier a dû attendre pendant plusieurs jours les communications du nouveau gouvernement français. Ils apportent de ce gouvernement des instructions qui confirment le télégramme du 13[1].

Le colonel Denfert écrivit alors au général de Treskow pour lui dire qu'il était prêt à obéir aux

---

[1]. Le retard que le Gouvernement a mis à répondre à M. Chatel tenait à cette double circonstance que ce gouvernement arrivait à peine au pouvoir et que les négociations relatives à Belfort se traitaient, non à Bordeaux, où M. Chatel s'était adressé, mais à Versailles.

instructions du gouvernement français et à lui rendre la place sous les conditions mentionnées dans le télégramme du 13. Il ajoutait qu'il enverrait, le lendemain 16, à 8 heures du matin à Perouse, deux officiers, M. le commandant Chapelot et M. le capitaine Krafft, pour traiter de la reddition de la place et régler les différentes questions qui s'y rattachaient avec les officiers allemands que le général de Treskow voudrait bien désigner. Quelques heures après arrivait la réponse de Treskow. Il désirait que les négociations commençassent le soir même.

En conséquence, MM. Chapelot et Krafft se rendirent à Perouse le 15 au soir et commencèrent à discuter avec deux officiers prussiens la convention de reddition.

Les négociations exigèrent trois conférences. On n'eut pas de peine à s'entendre sur les points principaux. Cependant les plénipotentiaires prussiens firent quelques difficultés pour écrire, dans la convention, que la place était rendue d'après les instructions du gouvernement français. Ils finirent cependant par céder. Mais un point sur lequel ils ne voulurent rien décider, ce fut la question capitale des intérêts des citoyens de Belfort. Malgré toutes les instances de nos parlementaires, ils se bornèrent à promettre que ces intérêts seraient respectés par eux, sans vouloir insérer aucune clause qui les concernerait dans l'acte de reddition. On revint dix fois à la charge, chaque fois les mandataires de Treskow répondaient que, la question des citoyens concernant exclusivement le gouverneur civil de l'Alsace, les autorités militaires ne pouvaient la trancher.

Dans ces conditions il n'y avait pas d'autre parti à prendre que ceux-ci : rendre la place conformément aux ordres du gouvernement français en se fiant aux promesses verbales faites par les plénipotentiaires du général de Treskow, relativement aux intérêts de la population, ou refuser de souscrire à un acte de reddition qui ne sauvegardait pas expressément ces intérêts et laisser encore pendant un temps plus ou moins long la ville exposée au tir foudroyant de l'artillerie ennemie.

Ce dernier parti, s'il eût été adopté, aurait été la cause de malheurs incalculables. Les Prussiens occupaient les Perches, où ils avaient installé une batterie de 16 pièces de gros calibres. Ils étaient en mesure, comme l'avait écrit Treskow, d'anéantir Belfort et d'enterrer les habitants sous les ruines de leurs maisons.

Le parti le meilleur, celui que commandait surtout l'intérêt de la population, était donc de rendre aux Allemands une place dont la résistance n'avait plus de raison d'être et de se fier, quant à la population, aux garanties verbales formellement données par le général de Treskow. C'est ce qu'on fit.....

Les Belfortains n'eurent pas trop à souffrir de l'occupation allemande. Ils durent fournir le logement aux soldats prussiens et subir quelques réquisitions en argent et en nature. Mais la destruction des casernes et des bâtiments publics faisait de la première de ces charges une nécessité inévitable ; quant à la seconde, l'abondance des vivres qui restaient encore dans la ville au moment de la reddition, permit à l'état-major allemand de ne pas la faire peser trop lourdement sur les habitants de Belfort.

Enfin, les négociations se terminèrent le 16. Elles aboutirent à la convention qui suit :

CONVENTION

Relative à la reddition de la place de Belfort, conclue à Perouse le 16 février 1871, à 4 heures après midi.

Entre MM. Denfert-Rochereau, colonel du génie, commandant supérieur de Belfort, et de Treskow, lieutenant-général de S. M. le roi de Prusse, commandant en chef de l'armée assiégeante de Belfort,

Il a été convenu ce qui suit :

1° Le colonel Denfert, sur l'autorisation spéciale qui

lui a été donnée, vu les circonstances, par le gouvernement français, remet au lieutenant-général de Treskow la place avec ses forts.

2° La garnison, en raison de sa valeureuse défense, sortira librement, avec les honneurs de la guerre, et elle emmènera les aigles, drapeaux, armes, chevaux, équipages et appareils de télégraphie militaire qui lui appartiennent spécialement, ainsi que les bagages des officiers et ceux des soldats, et enfin les archives de la place.

La garnison comprend les troupes de ligne, la garde nationale mobile et la garde nationale mobilisée, les douaniers et la gendarmerie. La garde nationale sédentaire restera à Belfort et remettra ses armes à la mairie avant la remise de la place.

3° Tout le matériel de guerre, les vivres et les munitions, en tant qu'ils ne sont pas, sans conteste, nécessaires à la garnison, et de plus, les approvisionnements de toute nature de la place et les propriétés de l'État en entier seront remis, dans l'état où ils se trouvent au moment de la signature de la présente convention. Cette remise sera effectuée par une commission à nommer par le commandant de la place. Elle aura lieu le 18 février à 10 heures du matin.

4° Le 18 février, à 10 heures du matin, des officiers allemands d'artillerie et du génie seront introduits dans les forts et le Château, pour prendre possession des magasins à poudre et des vivres, en présence d'officiers français des mêmes armes.

5° La garnison française devra avoir terminé l'évacuation de la place le 18, à midi, heure à laquelle les troupes allemandes en prendront possession. L'ordre de marche sera réglé dans une pièce annexe.

6° Les blessés et les malades restant dans la place seront, dès leur rétablissement, menés par convois jusqu'à la ligne de démarcation la plus voisine; ils emporteront leurs armes. Ceux qui seront impropres au service militaire seront envoyés dans leurs foyers.

7° La garnison laissera dans la place les médecins et les infirmiers nécessaires au service des hôpitaux. Ce personnel sera traité suivant les conditions de la convention de Genève.

8° Les prisonniers allemands, soit blessés ou non, qui sont internés à Belfort, au nombre de 7 officiers et 243 hommes, seront remis aux troupes allemandes le 18 février à 10 heures du matin, dans leurs casernements actuels.

9° La propriété privée des officiers qui quittent la forteresse, sera respectée au même titre que le reste des propriétés particulières.

10° Le colonel Denfert fera remettre au lieutenant-général de Treskow, aussitôt que possible, une situation d'effectif des troupes qui quittent la place, pour permettre le règlement de l'ordre de marche; et les commissions chargées de la remise des malades des deux nations et des prisonniers devront être munies de situations semblables.

11° L'administration allemande favorisera de tout

son pouvoir l'apport de vivres et de secours pour les habitants de la ville, ainsi que la venue de médecins du dehors.

La présente convention a été rédigée et signée par les officiers dont les noms suivent :

Du côté français, MM. Chapelot, chef de bataillon au 84ᵉ régiment d'infanterie de ligne, et Krafft, capitaine du génie auxiliaire ;

Du côté allemand, MM. de Laue, major et commandant de bataillon au 4ᵉ régiment d'infanterie de Magdebourg nº 67, et de Schultzendorf, capitaine d'état-major ;

Tous munis de pouvoirs réguliers de leurs chefs respectifs.

Fait en double original en chacune des deux langues.

Signé :	*Signé :*
Chapelot,	de Laue,
Chef de bataillon au 84ᵉ de ligne.	Chef de bataillon au 67ᵉ de ligne.
V. Krafft,	de Schultzendorf,
Capitaine du génie auxiliaire.	Capitaine d'état-major.

L'acte de reddition, tout en étant très-honorable pour la garnison de Belfort, n'en contient pas moins quelques anomalies choquantes. Pourquoi, notamment, le général de Treskow a-t-il exigé la remise des soldats allemands internés dans la place, sans consentir à nous rendre un pareil nombre de prisonniers français ? C'est là une injustice que rien n'autorisait. La reddition de Belfort était la conséquence, non d'une capitulation, mais d'une convention motivée par des considérations puissantes, librement consenties par des parties qui restaient en dehors des grands événements récemment accomplis en France, et qui devaient avoir pour base de leur transaction, la bonne foi et l'équité.

On ajouta à cette convention un acte additionnel qui réglait l'évacuation de la place et fixait l'itinéraire des troupes. La garnison devait être divisée en colonnes de 1,000 à 1,200 hommes. Ces colonnes sortiraient séparément à quelques heures d'intervalle, les unes par la route d'Audincourt et la vallée du Doubs, les autres par la route d'Héricourt et la vallée de l'Oignon. Elles se réuniraient à Champagnole (Jura), pour gagner de là Baurepaire. Baurepaire, petite ville du département de Saône-et-Loire, était le point le plus rapproché du territoire occupé par les Français. Il fut aussi décidé que l'autorité allemande fournirait une centaine de voitures pour transporter les bagages [1].

---

1. Voici le texte même de l'acte additionnel dont il s'agit :

1° Les postes et les sentinelles de la place y resteront jusqu'à ce qu'ils aient été relevés par les troupes allemandes, ce qui

Les plénipotentiaires allemands offrirent au colonel Denfert de rendre à la garnison de Belfort les honneurs de la guerre. La garnison eût ainsi défilé devant les troupes prussiennes en armes.

---

aura lieu immédiatement après l'entrée de celles-ci et sous la direction d'un officier supérieur de chacune des deux armées. Cela fait, ces troupes se masseront et suivront en corps la garnison.

2° La garnison française sera dirigée sur le département de Saône-et-Loire. Elle suivra deux routes et marchera sur chacune d'elles par colonnes de 1,000 hommes, espacées de 5 kilomètres au moins l'une de l'autre.

Le 17, il partira quatre de ces colonnes, dont deux marcheront sur Audincourt, Séloncourt, Exincourt, Étupes, et les deux autres sur Arcey-Héricourt.

Chaque colonne sera accompagnée par un officier allemand.

3° La garnison emmènera ses vivres ; le lieutenant-général Treskow fournira les chariots nécessaires.

4° Pendant la marche à travers la région occupée par les troupes allemandes, la discipline intérieure reste l'affaire des officiers français. Tout délit commis en dehors des corps de troupe sera puni d'après les lois allemandes.

Ceux qui s'éloigneront de leurs corps ou de leurs quartiers de plus de 4 kilomètres et ceux des soldats de la garnison qui seront trouvés dans la place plus de 12 heures après le départ de la garnison, seront traités comme prisonniers de guerre.

Fait en double en chacune des deux langues par les commissaires soussignés.

Perouse, le 16 février 1871.

Signé : CHAPELOT. *Signé :* DE LAUE.
KRAFFT. DE SCHULTZENDORF.

Le gouverneur de Belfort n'accepta pas cette proposition. Il insista, au contraire, pour que les troupes allemandes ne se trouvassent point sur le chemin de la garnison de Belfort.

Dès que les négociations furent terminées et les choses ainsi fixées, on s'occupa des préparatifs de départ. La garnison de Belfort fut divisée en onze colonnes. Chaque colonne devait emporter les vivres qui lui étaient nécessaires pour douze jours de marche. Ce qui restait du troupeau d'approvisionnement fut partagé entre les différents détachements.

Les Allemands trouvèrent à Belfort les magasins de vivres encore assez bien garnis. Ce fut heureux pour la population, qui n'eut point à les nourrir.

Il y avait à Belfort une grande quantité de tabac. On décida que les officiers auraient le droit d'emporter des cigares et du tabac moyennant un bon qu'ils remettraient à l'employé de la régie et qui permettrait à l'État de recouvrer, plus tard, au besoin, la valeur de la marchandise ainsi délivrée. Un grand nombre d'officiers profitèrent de cette faculté. Pourtant, les Allemands, en entrant dans la place, trouvèrent encore un grand approvisionnement de tabac. Il est regrettable que la faculté accordée aux officiers n'ait pas été étendue aux soldats. On aurait dû l'attribuer à tous, et de la façon la plus large.

On vendit des vivres à la population civile. L'argent qu'on en retira permit de payer la solde arriérée et la solde courante des officiers.

Quand ces dispositions furent prises, le colonel Denfert en prévint le maire et M. Stehelin, délégué du préfet.

Quelques heures après, on publiait en ville les deux proclamations qui suivent :

Citoyens et Soldats,

Le Gouvernement de la défense nationale m'a donné, en vue des circonstances, l'ordre de rendre la place de Belfort. J'ai dû en conséquence traiter de cette reddition avec M. le général de Treskow, commandant en chef de l'armée assiégeante.

Si les malheurs du pays n'ont pas permis que la résistance vigoureuse offerte par la garnison, la garde nationale et la généralité de la population reçût la récompense qu'elle méritait, nous avons pu du moins avoir la satisfaction de conserver à la France la garnison qui va rallier, avec armes et bagages et libre de tout engagement, le poste français le plus voisin.

Connaissant l'esprit qui anime les habitants de la ville, au milieu desquels je demeure depuis plusieurs années, je comprends mieux que personne l'amertume de la situation qui leur est faite. Cette situation est d'autant plus pénible qu'on prétend nous faire craindre, qu'au mépris des principes et des idées modernes, le traité de paix que nous allons subir ne consacre une fois de plus le droit de la force et n'impose à l'Alsace tout entière la domination étrangère.

Mais je reste convaincu que la population de Belfort conservera toujours les sentiments français et républicains qu'elle vient de manifester avec tant d'énergie. En consultant, du reste, l'histoire même du siècle présent, elle y puisera la légitime confiance que la force ne saurait longtemps prévaloir contre le droit.

Vive la France! Vive la République!

Belfort, le 16 février 1871.

Le Colonel commandant supérieur,
DENFERT-ROCHEREAU.

CITOYENS,

Le préfet du Haut-Rhin, qui était venu partager vos périls et vos souffrances, ne se trompait pas en nous disant, le 3 décembre dernier, qu'il ne se rencontrerait à Belfort ni un soldat, ni un habitant pour trouver les sacrifices trop grands ou la résistance trop longue.

Vous avez répondu à son attente et à celle du pays.

Le Gouvernement de la défense nationale vient de rendre un éclatant hommage à votre héroïque patriotisme et au courage de ceux qui ont si vaillamment défendu vos remparts.

Le canon de Belfort est le dernier qui ait retenti en France; l'Europe entière en a entendu l'écho.

Vous avez pendant près de quatre mois maintenu haut et ferme le drapeau de la République.

Aussi vous saurez souffrir avec dignité les épreuves du présent et attendre avec confiance les espérances de l'avenir.

Vive la France! Vive la République!

Pour le Préfet et par délégation,
Léon Stehelin.

17 Février.

L'évacuation de la place commence aujourd'hui. Le départ des premières colonnes a lieu à 7 heures du matin. Il est précédé d'une revue passée par le commandant supérieur.

Cette revue n'offre rien d'intéressant à voir. Les soldats sont généralement pâles et amaigris. Les uniformes sont usés, les armes mal entretenues. On voit que ces gens-là ont souffert.

La revue terminée, la colonne se met en marche. Elle part silencieuse et attristée. On ne fait point de musique militaire, car la France est en deuil. La colonne est suivie d'une quinzaine de voitures chargées des vivres et des bagages des officiers. Elle emporte les archives de chaque corps. Elle est escortée d'un officier allemand destiné à servir de guide et à lever les difficultés qui pourraient surgir pendant la traversée des lignes prussiennes.

Les habitants de Belfort viennent dire adieu à ceux qui les ont défendus. On a remarqué avant le départ plus d'un adieu touchant, plus d'un baiser fraternel. C'est que, parmi ceux qui partent, se trouvent bien des enfants de Belfort. La plupart des gardes mobilisés quittent, en partant, leurs foyers et leur famille.

La population est plus à plaindre encore que la garnison. Celle-ci quitte au moins la place qu'elle a dû rendre. Sous peu, elle trouvera des compatriotes et des troupes françaises, et quel que soit le sort qui lui est destiné, l'avenir vaudra mieux, pour elle, que le passé. Mais les malheureux habitants de Belfort restent au milieu des ruines de leur cité, et vivront désormais avec ceux qui les ont faites. Ils auront à souffrir tous les maux qui résultent de l'occupation ennemie, et ils ont d'autant plus lieu de le craindre, qu'aucune disposition de l'acte de reddition n'est conçue en leur faveur. Et puis, douleur plus grande encore, sont-ils certains, eux qui ont tant souffert pour la France, qui lui ont si généreusement sacrifié leur vie, leur fortune, toutes les commodités de l'existence, sont-ils certains seulement de rester Français [1] !

---

1. Le lecteur ne doit pas perdre de vue que les préliminaires de paix qui laissaient Belfort à la France n'étaient pas encore signés.

Dans la journée du 17, le colonel Denfert reçut du ministre de la guerre une lettre qu'il s'empressa de porter à la connaissance de tous. Cette lettre était conçue en ces termes :

Bordeaux, 16 février 1871.

Le Ministre de la guerre au capitaine d'état-major Chatel et au capitaine du génie Krafft, envoyés de Belfort par le colonel Denfert.

En même temps que votre dépêche du 14, de Bâle, reçue seulement aujourd'hui, je reçois une lettre datée du 13, de Paris, par laquelle le général Trochu, au nom du Gouvernement de la défense nationale, encore en fonctions, à Paris comme à Bordeaux, m'informe que la fraction du Gouvernement demeurée à Paris (général Trochu, président; Ernest Picard, chargé du ministère des affaires étrangères) vous a autorisé à rendre à l'armée prussienne la place que vous avez si glorieusement défendue, aidé en cela par la vaillante et patriotique population de Belfort.

En présence de cette autorisation du gouvernement de Paris et de la considération que vous faites vous-même valoir [1], double fait mettant votre honneur com-

---

[1]. Le gouverneur de Belfort avait expliqué au Gouvernement que l'armistice et la nouvelle de tous nos désastres avaient démoralisé la garnison et rendu la résistance beaucoup plus difficile. Le capitaine Chatel avait été chargé de donner ces explications au ministre de la guerre.

plétement à l'abri, les membres du gouvernement de Bordeaux, dont je suis l'organe, ne peuvent que confirmer l'autorisation de leurs collègues de Paris, et je couvre de ma responsabilité le parti suprême que vous prendrez en vous inspirant de votre propre honneur, comme de l'intérêt des soldats et de l'héroïque population qui vous ont si bien secondé.

Le gouvernement de Paris ne nous a rien fait connaître en dehors des termes mêmes du télégramme que vous avez reçu de M. Picard. C'est à vous qu'il appartient, par conséquent, de traiter avec l'état-major allemand les conditions les plus favorables relativement au matériel de la place, canons et munitions, et ce qui importe beaucoup plus, aux intérêts de la brave population de Belfort.

Recevez, Colonel, pour vous et vos braves soldats, l'expression de ma douloureuse et bien ardente sympathie, et soyez auprès de la patriotique population de Belfort l'interprète des sentiments de reconnaissance et d'admiration des membres du Gouvernement et de la France entière.

Signé : Général LE FLO.
CHAUDORDY.

Pour copie conforme :
Le Vice-Consul de France à Bâle,
Signé : JULES KŒCHLIN.

18 Février.

La dernière colonne de la garnison de Belfort quittait la ville le 18 février, à midi. Elle était commandée par le colonel Denfert; elle emmenait avec elle la batterie d'artillerie volante et une mitrailleuse qui avait été faite à Belfort, mais dont on n'avait pu tirer parti. Quelques heures après, les troupes allemandes prenaient possession de la ville, où elles entraient par les portes de Brisach et de France[1]. Le siége de Belfort était terminé.

Le lendemain on lisait sur les murs de la ville l'ordonnance suivante émanée de l'autorité prussienne :

Belfort, 18 février 1871.

ORDONNANCE

Du Commandant impérial-royal, à Belfort.

Ayant pris la direction du commandement aujourd'hui à midi, j'ai pris les dispositions suivantes :

1° Toutes les ordonnances du commandant seront rendues uniquement en langue allemande; elles ne sont

---

1. Ces troupes étaient composées d'uhlans, de landwehr et d'artillerie. Elles furent logées en grande partie dans les villages voisins; 5,000 hommes seulement restèrent à Belfort.

pas moins exécutoires par les habitants ne parlant pas cette langue. S'il s'agit d'affaires communales, elles peuvent être traduites, s'il est nécessaire.

2° L'autorité locale doit faire connaître que l'état de siége continue, que tous les crimes et délits, et en particulier toute contravention aux arrêtés du commandant, concernant les personnes civiles et militaires, seront punis suivant les lois de la guerre ou les lois civiles.

3° L'autorité municipale doit en outre faire connaître que tous les habitants de la ville ont à déposer au poste principal de la place toutes armes et munitions, sans exception, dont ils sont détenteurs. Les propriétaires de maison sont responsables pour la rigoureuse exécution de cet ordre, et quant aux habitants dont les propriétaires sont absents, les autorités locales doivent y faire une minutieuse perquisition avec l'assistance, au besoin, de l'autorité militaire.

4° Tous les journaux, publications, proclamations et en général tout imprimé, à l'exception des ordonnances par moi autorisées, sont interdits jusqu'à nouvel ordre.

5° Les habitants doivent être prévenus qu'au cas où les troupes allemandes en armes seront insultées, soit de l'intérieur d'une maison ou édifice, soit à un autre lieu, il sera procédé selon l'usage de la guerre.

6° Par contre, les troupes respecteront les propriétés privées, et les réquisitions ne seront opérées qu'avec mon agrément.

7° Tous les débits de boissons doivent, jusqu'à nouvel ordre, se fermer à 9 heures du soir. — Les personnes qui se trouveront dans la rue après 9 heures, seront arrêtées par la garde ou les patrouilles et conduites au poste principal, à l'exception des officiers des troupes allemandes. — Les médecins civils ayant à faire des visites pressantes à leurs malades peuvent être exceptés de cette disposition, et ce seulement sur la proposition de l'autorité locale et après une autorisation écrite de ma part.

8° L'autorité locale veillera à ce que les rues et les places publiques soient suffisamment éclairées. — Dans le cas où cet éclairage ne peut être organisé immédiatement, les civils ne peuvent paraître dans la rue et sur les places depuis la brune jusqu'à 9 heures du soir sans être munis d'une lanterne.

9° Les postes des portes de la ville ne laisseront entrer ni sortir demain matin aucun civil avant 10 heures, à moins qu'il ne soit muni d'une autorisation écrite émanant de moi. — A partir de demain après 10 heures du matin, le passage, jusqu'à nouvel ordre, sera libre depuis 7 heures du matin jusqu'à 6 heures du soir.

10° Les autorités locales commenceront à faire enlever des rues et des places publiques les décombres et immondices et continueront à être chargées de ce soin.

11° Si les autorités et police locales ne peuvent obtenir la rigoureuse exécution de ces prescriptions, elles provoqueront auprès de moi l'assistance militaire.

12° L'entretien des troupes allemandes a encore lieu provisoirement sur les provisions des magasins militaires. L'autorité locale doit pourvoir immédiatement au logement de 5,000 hommes, soit dans les maisons privées, soit dans les postes militaires ou dans les casernes restant habitables.

DE Scheliha,
Lieutenant-Colonel commandant.

CHAPITRE V.

ÉPILOGUE.

La place de Belfort, investie le 4 novembre 1870, fut rendue le 18 février 1871. Le siége avait duré 104 jours. Le bombardement, commencé le 3 décembre, s'était continué, avec plus ou moins de violence, mais sans interruption, jusqu'au 13 février, c'est-à-dire pendant 73 jours.

Au moment de la reddition de la place, il n'est pas une maison de la ville qui n'ait plus ou moins souffert du feu de l'ennemi. Les faubourgs de France, de Montbéliard et du Fourneau ont aussi subi d'immenses dégâts. Ce dernier est presque détruit. Le faubourg des Ancêtres, beaucoup plus favorisé, offre encore quelques maisons intactes, au moins en apparence.

Grâce à la belle organisation du service des incendies, grâce aussi à la courageuse vigilance des pompiers de Belfort, le nombre des maisons entièrement détruites par les flammes fut relativement

ÉPILOGUE. 193

peu considérable. Il atteint le chiffre de 34[1]. Le feu prit à beaucoup d'autres bâtiments; mais on put en devenir maître. Les dégâts causés par le choc et l'explosion des projectiles sont énormes. Presque toutes les toitures sont démolies, tous les murs ébréchés; certaines façades présentent des ouvertures béantes de plusieurs mètres de surface; les ravages sont grands aussi à l'intérieur des maisons; bien des appartements sont pour longtemps inhabitables. Un certain nombre d'habitations menacent ruines; elle sont étayées de toutes parts. Les rues sont remplies de tuiles, de débris de muraille, etc. Il serait impossible d'y circuler avec des voitures. Le dommage causé à Belfort par le feu de l'ennemi a été évalué à quatre millions de francs. C'est beaucoup pour une aussi petite ville. L'église seule nécessitera une réparation de quelques centaines de mille francs.

L'ennemi est arrivé à mettre 200 pièces en batterie contre la forteresse. Ces pièces ont envoyé, pendant toute la durée du bombardement, 410,000 projectiles de toutes dimensions, soit, en moyenne, 5,616 projectiles par jour. Ce chiffre est énorme[2].

---

1. Tous les chiffres cités dans ce chapitre ont été établis à Belfort par des commissions désignées à cet effet.
2. Strasbourg a reçu 194,000 projectiles.

La place répondait au feu de l'ennemi avec une partie seulement des 370 bouches à feu qui défendaient son enceinte et ses forts. Elle a envoyé à l'ennemi 86,000 projectiles de toutes espèces et brûlé 210,000 kilogrammes de poudre. Les Prussiens ont encore trouvé dans la place 160,000 kilogrammes de poudre, 7,000 obus rayés et un grand nombre de boulets d'ancien modèle. On ménageait cette provision avec soin, car, au matin même de l'armistice, on ignorait encore quel serait, pour Belfort, le terme de sa résistance. Les pièces d'artillerie mises absolument hors de service par le feu de l'ennemi ne dépassent pas le nombre de 30.

Après avoir pris possession de la place, les Allemands ont interdit de recueillir les éclats de projectiles et donné l'ordre aux citoyens de rendre tous ceux qu'ils avaient ramassés pendant le bombardement. Ils ont ainsi réuni et vendu 10 millions de kilogrammes de fonte.

La garnison de Belfort était, on le sait, de 17,600 hommes, au commencement du siége. 12,500 environ ont quitté la place lors de la reddition. Les pertes de la garnison sont donc de 5,100 hommes environ, et dans ce nombre il faut comprendre les morts, les prisonniers et aussi les malades et les blessés qui sont restés dans les ambulances après l'évacuation de la place. Pendant le siége, 1,020 hommes sont morts de maladie ou des suites de blessures à Belfort même ; 2,400 ont disparu, tués, blessés ou prisonniers dans les différentes attaques; une centaine ont déserté. Enfin, les malades et les blessés laissés dans les hôpitaux, après le départ des troupes, atteignent le chiffre approximatif de 1,600.

La population civile, elle aussi, a payé sa contribution de sang. 278 habitants sont morts de blessures ou de maladie pendant les trois mois qu'a duré le siége. Il faut comprendre dans ce nombre 55 personnes tuées par des éclats d'obus. Le nombre des décès s'élève annuellement à 200, à Belfort. La mortalité a donc été, pendant le siége, près de cinq fois plus forte qu'en temps ordinaire.

Quant aux pertes subies par l'armée assiégeante, il est impossible, faute de documents, de les évaluer, même d'une façon approximative. Il est seulement certain qu'elles sont considérables [1].

---

[1]. Je dois à l'obligeance de M. Armand Viellard, de Morvillards, quelques renseignements dont l'authenticité ne m'est pas garantie, mais qui ont un caractère de grande probabilité. D'après ces renseignements, que M. Viellard tient d'un Prussien chargé de représenter l'Internationale, les Allemands auraient perdu sous Belfort plus de 1,800 pères de famille; ce qui ferait supposer une perte de 3,000 à 4,000 hommes tués et 8,000 à 10,000 blessés.

Les chiffres que je viens de citer se passent de tout commentaire. La ville de Belfort a vaillamment résisté. Elle a conquis une impérissable gloire, mais elle l'a chèrement payée. Elle a supporté de longues et cruelles souffrances; elle a vu pendant 73 jours les ruines s'amonceler et le sang couler de toutes parts. Mais tous ces sacrifices n'ont pas été inutiles. En sauvant son honneur et celui de la France, elle a conservé sa nationalité, et, seule de toutes les villes fortes de notre belle Alsace, elle a le privilége d'appartenir encore à son ancienne patrie.

A sa sortie de Belfort, la garnison, marchant, comme on sait, sur deux routes différentes, se dirigea tout entière vers Champagnole (Jura), pour prendre de là le chemin de Baurepaire (Saône-et-Loire), où elle devait se réunir et retrouver l'armée française. A Champagnole, l'autorité prussienne qui guidait notre marche, avait changé d'avis; elle nous dirigea sur Saint-Claude, qui n'était point occupé par les Allemands. On attendit à Saint-Claude les ordres du Gouvernement, qui, après bien des hésitations, finit par nous désigner, comme lieu de garnison, la ville de Grenoble. Les différentes colonnes arrivèrent à Grenoble dans les journées des 7, 8 et 9 mars, après 18 ou 20 jours de marche. Le temps avait favorisé notre voyage, qui s'était ef-

fectué dans de bonnes conditions. La garnison de Belfort avait été partout acclamée et fêtée. De Belfort à Grenoble ce fut une marche triomphale, une pluie de couronnes et de fleurs. Le sympathique accueil qu'elle reçut lui avait fait oublier les souffrances du passé, mais non celles du présent. On était fier, mais on n'était pas heureux, car la fin n'avait pas couronné les moyens. La France était vaincue, et Belfort était aux mains des Allemands, malgré l'héroïque défense de sa garnison, malgré l'admirable résignation de sa population. Au milieu de tant de malheurs, une consolation nous restait: Belfort n'avait pas capitulé, il n'avait pas été pris. Le général de Treskow profitait des victoires des autres généraux prussiens; il n'avait rien pu par lui-même . . . .
. . . .

Les préliminaires de paix ont laissé Belfort à la France.

Le traité de Francfort a donné à l'Assemblée nationale la faculté de conserver à cette ville le premier rang parmi les places fortes. En sacrifiant une petite bande de territoire dans le voisinage de Thionville, l'Assemblée a pu garder autour de Belfort un rayon suffisamment étendu pour relier la forteresse aux Vosges.

Si Belfort reste à la France, s'il lui reste avec sa première importance, il le doit surtout à l'énergie de son défenseur, le colonel Denfert-Rochereau, qui, après avoir mis pendant quatre mois au service de cette place un dévouement sans bornes, une science éprouvée, un rare talent militaire, vient encore de contribuer dans une large part, ainsi que l'a dit M. Thiers lui-même, à convaincre l'Assemblée nationale de la nécessité de conserver avec Belfort les quatre cantons français qui l'entourent.

TABLE DES MATIÈRES.

	Pages.
Au Lecteur	V
Chapitre I. — Belfort avant l'investissement (6 août — 3 novembre 1870)	1
Chapitre II. — Belfort pendant l'investissement (3 novembre — 3 décembre 1870)	17
Chapitre III. — Belfort pendant le bombardement (3 décembre 1870 — 13 février 1871)	54
Chapitre IV. — Belfort pendant l'armistice (13 février — 18 février 1871)	171
Chapitre V. — Épilogue	192

Strasbourg, imprimerie O. Berger-Levrault.

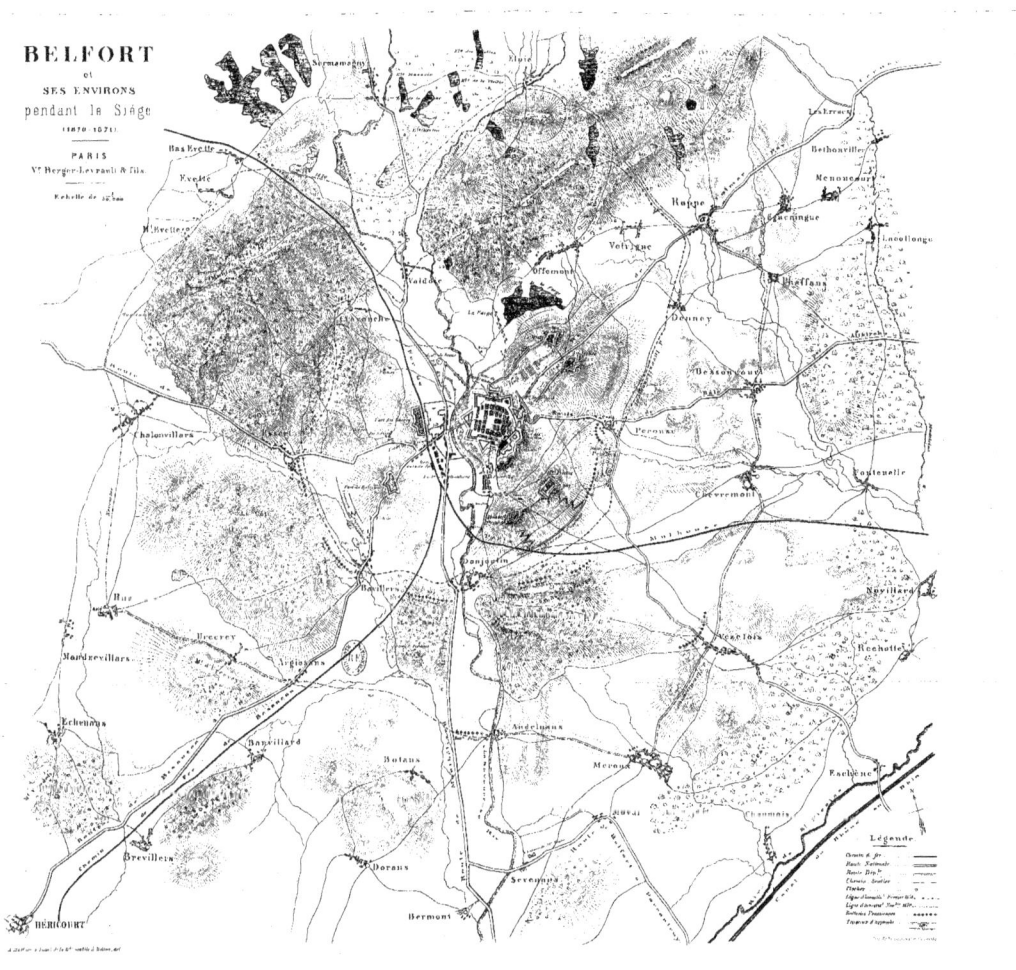

www.ingramcontent.com/pod-product-compliance
Lightning Source LLC
Chambersburg PA
CBHW061259110426
42742CB00012BA/1981